POR LOS CAMINOS
DE DIOS

Crónicas de un peregrino latinoamericano

POR LOS CAMINOS
DE DIOS

Crónicas de un peregrino latinoamericano

Enrique MERELLO-GUILLEMINOT

Primera edición: Ediciones Aguaviva, Montevideo (Uruguay), marzo de 2010

© Enrique Merello-Guilleminot, 2022
http://merello-guilleminot.blogspot.com

Impresión y editorial: BoD – Books on Demand
info@bod.com.es – www.bod.com.es
Impreso en Alemania – Printed in Germany

ISBN: 9788413734057

A María Aurora y a Juan Pedro.

Hago expreso mi agradecimiento a todas las personas e instituciones que hicieron posible la peregrinación, cuyos detalles refiere el presente libro, así como a Les Éditions de Solesmes, *por autorizar la reproducción de algunas de las imágenes que lo ilustran.*

"Todos somos romeros
que en un camino andamos:
esto dice san Pedro,
por él os lo probamos."

Gonzalo de BERCEO

INTRODUCCIÓN

esde cuándo escribo, no lo puedo saber. La bruma del tiempo me hace imposible encontrar el principio de aquellos incipientes garabatos. Los *comics* –que los franceses llaman mejor *bandes dessinées*, esa forma de arte visual de apoyatura literaria-, la poesía pretenciosa, las canciones para cantar con cerquillo y guitarras y después con sombríos violoncellos, fueron los puntos de partida naturales para un adolescente que creció recostado a los fermentales '60. Más tarde fueron cuentos cortos, poesías, crónicas de conciertos sinfónicos, comentarios, disquisiciones, reflexiones, investigaciones gregorianas...

¿Locuciones interiores? ¿Crónicas de un turista religioso? ¿Relatos, impresiones, meditaciones? El objeto de estos diálogos es modesto y no procuran sino recoger apenas los apuntes de cuanto viví en marcha hacia Roma sobre el surco del incomparable canto gregoriano; una peregrinación llevada a cabo entre los meses de junio y julio de

1996. Fue un viaje entre real y simbólico, una peregrinación *strictu sensu*, pero sobre todo hacia el centro mismo de mi persona, ésta que llevo adelante como puedo, sin dejar de alabar al Altísimo con mi indignidad sin remedio y la esperanza de que algún día pueda hacerlo *facie ad faciem,* llegado a destino y confortado por la plenitud de la gracia.

Decía Emily Dickinson que "para viajar lejos, no hay mejor nave que un libro". Quisiera pues, compartir estos diálogos y así, subido en esta nave, hacerme parte de la peregrinación personal de cuantos honren a este escriba con su benevolente lectura.

El autor
Montevideo, Santa Cecilia de 2008

PREFACIO A LA 2da. EDICIÓN

asados ya doce años de la aparición de este trabajo y veintiseis de los sucesos que registra, presento a los lectores esta nueva edición corregida de *Por los caminos de Dios*. ¿Cuál es el interés de esta reedición? Sin dudas, la extraordinaria experiencia que relata o aun mejor, su itinerario espiritual subyacente. Me mueven además las buenas críticas recibidas, tanto como los errores de la edición original, hijos de mis precipitaciones de improvisador, al decir de Unamuno.

Es cierto que la narración transcurre en un mundo distinto. Un mundo sin tanta *conectividad,* sin tantos escáneres para acceder a aeropuertos, museos, monumentos o hasta a la mismísima Basílica de San Pedro. Un mundo en donde las desigualdades sociales no eran lo que hoy, y en donde expresiones inquietantes como "posverdad", "transhumanismo" o "cultura de la cancelación" no referían concretamente a nada. Menos que el vocablo "pandemia" aún en la boca de todos, esas bocas y sonrisas escondidas no hace mucho tras las máscaras, mientras los abrazos y las cercanías se transformaban en lejanías y miseria.

Sí; este texto se instala en una época diferente. Pero el viaje interior que describe es como el que todos de manera concreta o espiritual -que es la más propicia- estamos llamados a hacer durante la peregrinación al Padre que es la vida misma, en respuesta a las grandes preguntas que han movilizado al hombre desde siempre.

El autor
Angers, Nuestra Señora del Rosario de 2022

Capítulo I

Madrid

EL DESCUBRIMIENTO DE EUROPA

Sábado 1 de junio:

ES verdad, mi Señor, apenas puedo creer que estoy en Madrid, que estoy en España, en la vieja Europa. Después de tanto acariciar este sueño de adolescente del espíritu, he retornado tras la diáspora de cuatro generaciones a esta lejana patria europea. Cuánto quisiera poder compartir este momento inigualable con María Aurora y Juan Pedro, nuestro pequeño y entrañable hijo. Pero Tú estableciste que en esta ocasión estuviéramos aquí solamente Tú y yo, y apenas el recuerdo y presencia intensa de mi familia completa, mi razón, mi centro.

Despegar los pies por vez primera de tierra firme desde el Aeropuerto de Carrasco, y segundos después estar sobrevolando Montevideo, debo reconocer que fue una de esas impresiones imborrables. Nunca pensé que tanto fuera así, a la altura en que nos encontramos en el Camino de la vida. Contemplar mi universo cotidiano que va quedando atrás, abajo, bien abajo; ver el vasto plano de la ciudad por donde transitan nuestros afanes de cada día perdiéndose desde lo alto: Propios, una larga cinta iluminada, nuestro apartamento de altos, el cual pese a los escasos metros cúbicos nos afanamos por que sea verdadera *domus Dei;*[1] el monumento parabólico a Batlle Berres elevándose inciertamente hacia el firmamento justo enfrente al Edificio Libertad, desde donde gobiernan los presidentes constitucionales uruguayos desde 1985; el Palacio Salvo, ese caos estilístico de Palanti hoy erigido en símbolo de la metrópolis rioplatense; el Cerro, baluarte dormido... todo estaba allí, alfombra constructiva a nuestros pies. Y luego la densa oscuridad salpicada por lejanas luces de naves posadas sobre el Plata, y más tarde la manta luminosa de la glamorosa Buenos Aires en donde hicimos trasbordo, luego de poco más de una hora de espera.

Mientras ascendíamos al Boeing 747 y aun cuando nos disponíamos a despegar, nos fue reconfortante escuchar algunos compases orquestales beethovenianos. Su carga épica que parecía concentrar en sí misma toda la energía musculosa del genio alemán, en ese momento se me ocurrió necesaria a empresas como la que estábamos por emprender: cruzar el océano Atlántico a cerca de 900 km/h y a más de 10.000 m de altitud, en un artefacto sometido a la fragilidad de todo lo que puede llegar a fabricar el ingenio humano. Después razoné que la *Heroica* siempre es mejor que *Pierrot lunaire* de Schöenberg, un detalle de la musicología aplicada que por evidente, no merece comentarios.

Por la mañana, de vuelta con la cortina musical beethoveniana, tema central de la película, tuvimos un aterrizaje como medido al milímetro. Se hubiese creído que solo estuvimos deslizándonos veloces sobre la pista, de no haberse visto previamente por las ventanillas la geografía española color terracota, lo que parecía ser una gigantesca maqueta. Los pasajeros respondieron con una explosión de aplausos, cosa que luego supe es de uso en estos casos: por el aterrizaje y por la alegría contenida de llegar a destino, en este caso Barajas, el aeropuerto madrileño. A nosotros desde luego que nos alegró, como también encontrarnos enseguida con el Dr. Juan José Arteaga,[2] ministro consejero de la Embajada uruguaya, cuando aún no habíamos recuperado nuestra valija. "¿Enrique Merello?", apareció su pregunta, entre la multitud y los carteles con nombres desconocidos, antes de darnos su bienvenida.

Con el Dr. Arteaga no nos veíamos desde hace varios años, y debo reconocer que fue por su intermedio que pude conocer al Padre Raúl Patri,[3] con quien proseguí estudios de canto gregoriano tras la desaparición física del Prof. Eugenio Garateguy,[4] de quienes conservo un recuerdo de especial gratitud. En esta ocasión, Arteaga fue sumamente deferente en ayudarnos a encontrar un sitio donde hospedarnos, razón por la que ahora nos encontramos instalados en una habitación del Hostal Orly, ubicado en un 7° piso de Montera y Gran Vía.

¿Por qué misteriosos designios la noche madrileña nos sorprende escribiendo estas líneas presurosas? ¿Por qué mis pasos, esas alas que alquilamos, me han traído hasta España, hasta la vieja Europa?

- Apenas unas cartas intercambiadas con el monasterio de Silos, en Castilla, y el de Solesmes, en el corazón de Francia; y luego con Roma, a fin de ir a las fuentes de ese repertorio monódico de la Iglesia católica, tus proyectos.

- Altos proyectos; proyectos que partieron de Ti, una búsqueda que llegó al gregoriano, cuando la lógica enseña que debió haber sido al revés. Aunque conviene reconocer que siempre la marcha siempre va en Tu dirección, de una forma o de otra. Con esa certidumbre es que me confío a Ti en esta naciente aventura.

- Es como debes disponerte siempre: Caminar el Camino, recorrer el sendero de tu tetragrama; hacerte un neuma[5] en los neumas de tu canto, que es una forma de respuesta a todas las preguntas. En realidad, la vida se construye con algunas pocas respuestas, más que con preguntas.

-Y mientras imploro Tu bendición y caen pluma y ojos por igual, no ceso de agradecerte por haberme traído hasta aquí, cantando junto al poeta:

> *Gracias por este camino*
> *donde caigo y me levanto,*
> *donde te entrego mi canto*
> *mientras marcho peregrino,*
> *Señor, a tu monte santo.*

CONOCER MADRID

Domingo 2:

LA medianoche de esta primera jornada española nos encuentra aquí, en Madrid, solitario peregrino, alejado de afectos; el efecto de surcar el océano por el cielo en busca de las huellas de un repertorio melódico venido de la Edad Media profunda, que embriagó y embriaga con Tu miel mi corazón desde el momento que se incorporó a mi persona casi como voz propia.

Tras la ventana, allá abajo, los autos tejen con sus luces la avenida; bullicio tan distante, pareciera, al de estos escasos metros cuadrados y aun a los claustros que aguardamos pronto recorrer, para sentir -y acaso cantar- como aquel monje del año 1000.

Pensábamos, Señor, en el vigor incontenible de esta música que nos dispuso a emprender el Camino, dejando familia, amigos, país y actividades profesionales a nuestras espaldas.

Pensábamos en su vibrante actualidad, capaz de movilizar hasta las consecuencias últimas, sin ser necesario para ello más que oídos para oír. Aquí me tienes, hasta aquí me has traído: yo, con mis memorias, flaquezas, mi corta voz, y mis grandes ansias de conocimiento de estas melodías y cuanto entrañan de ciencia y de misterio.

Así pues, nos encontramos donde un antiguo enclave musulmán llamado Mayrit. Ese era el nombre de este lugar, antes de transformarse en la sede de las cortes castellanas; ese era el nombre de esta Madrid elegante, luminosa, espaciosa que conocimos ayer, y sobre todo atractiva por su gente, lo que entiendo *hace* el carácter de los lugares. Es sabido que Madrid para el latinoamericano es la puerta de entrada al continente europeo. Pero para nosotros, además, constituía algo así como una asignatura pendiente: conocerla es conocer más de la cultura heredada y de la fe cristiana que insufla nuestros pulmones y neumas gregorianos por igual.

- Precisamente, mientras nos hacíamos camino hacia la Puerta del Sol, reflexionábamos sobre el corto arraigo religioso de los uruguayos, a pesar de las raíces cristianas incuestionables de ese distante país que parten del propio José Artigas.[6] Reflexionábamos acerca del viaje de la fe aquí comenzado por los primeros misioneros y de los intrincados caminos de la aculturación, cuando aún vivían en suelo uruguayo sus primeros pobladores conocidos, de la etnia tupí-guaraní. Acerca de cómo la instauración del catolicismo como religión oficial cuando la primera Constitución del país, no impidió luego el avance del liberalismo en esas tierras purpúreas, y después del anticlericalismo puro y duro, lo que fue construyendo uno de los países latinoamericanos más alejados de la práctica de la fe.

- De allí venimos pues, bendito país otrora conocido como "la Suiza de América"; esa es la cultura recibida, y bueno es siempre saber de dónde se viene para saber en dónde se está.

Hoy fue un día de calor intenso. Aprovechamos, por tanto, para encontrarnos con esos lugares característicos, cuyas estampas se repiten hasta el cansancio: las espaciosas Gran Vía y la calle de Alcalá, la concurrida Plaza de Cibeles y su fuente, la Puerta de Alcalá cantada y famosa por donde se llegaba a Alcalá de Henares, cuna de Cervantes. Pronto nuestros pasos nos llevaron al Parque del Retiro, espléndido pulmón verde de casi 120 hectáreas en medio de la urbe madrileña, con sus "paseos" cuyos nombres rinden homenaje a algunos de los países de Latinoamérica entre los cuales el Uruguay. Y enseguida, a un ecuestre rey Alfonso XII enmarcado por columnatas que miran un estanque surcado por botes de remo, la España fuertemente católica en la estampa de este Borbón viajero y querido por su pueblo, confrontado a la otra España, la España paralela a las religiones de los tiempos que corren: la de los adivinadores y quiromantes. Era una larga lista de hombres y mujeres con sus mesas y sombrillas, con sus gemas, sus naipes u otros adminículos pretendiendo ocupar Tu lugar y de ahí su nombre de *adivinadores*, afanados en dar respuestas instantáneas a quienes no saben oírte en lo profundo del corazón.

- Fue nuestro primer contacto con lo que muchos quieren llamar Europa post-cristiana, en estos tiempos de crisis leída en singular o en plural, lo que vale para la Iglesia y pese a que cerca de un 90% de los europeos se confiese creyente,[7] un fenómeno planetario que relativiza las religiones tradicionales y construye otras, en un perpetuo *religare* con lo trascendente que está en la naturaleza humana. Ese espectáculo de los consultores del misterio da testimonio de esas búsquedas, de la necesidad de lo simbólico, pero también de sus muchos engaños...

- Pues sí; aquí estamos ahora, hasta hace un rato en la serena compañía de nuestro mate,[8] punto de encuentro de la mayoría de los orientales[9] con su tierra y su pasado, mientras veía tras la ventana cómo el enjambre de luces de la noche se desdibujaba hasta evanescerse, casi. Ya es la 1,10h, es decir las 20,10 h en el Uruguay, cuando evoco a mi esposa y a nuestro niño de los cabellos de sol. Observo ahora el único cuadro que decora la habitación; la reproducción de una naturaleza muerta poco pretenciosa, que presenta un reloj de mesa señalando las 5 h en punto: acaso las cinco horas que separan este punto del mapa del cansino tiempo uruguayo.

ENCUENTRO
CON UN CÉLEBRE GREGORIANISTA

Lunes 3:

QUerer visitar el Real Conservatorio Superior de Música de Madrid, encontrándonos a minutos de ese centro de estudios musicales, para cualquier músico resulta en verdad una tentación, y una tentación difícil de evitar. Hoy ubicado en un voluminoso edificio del siglo XVIII próximo a la Estación de Atocha, desde que la Reina María Cristina decide que haya aquí una casa de estudios musicales similar a la que entonces existían en otros países europeos como Francia o Italia, el Real Conservatorio ha visto pasar por sus aulas, ora como docentes, ora como alumnos, a españoles tan ilustres como Hilarión Eslava, Emilio Serrano, Amadeo Vives, Ruperto Chapí, Tomás Bretón, Felipe Pedrell, Manuel de Falla, Joaquín Turina, Ataulfo Argenta, Joaquín Rodrigo, Cristóbal Halffter, Pau Casals. Y también a Ismael Fernández de la Cuesta, gregorianista que alcanzó notoriedad a partir de esos registros de piezas gregorianas por el coro de monjes de la Abadía de Santo Domingo de Silos cuya dirección compartió en el entonces con Francisco Lara, que se constituyeron en un suceso discográfico mundial en fechas recientes. Nuestro oficio y circunstancia nos llevó pues hasta el Real Conservatorio, y tuvimos entonces la dicha de ubicar a Fernández de la Cuesta en la cafetería y el honor de haber podido conversar con él de manera distendida.

- Estuviste prácticamente toda la mañana en torno a este asunto: ubicar el Conservatorio, llegarnos hasta allí, poder ingresar al edificio, encontrar al maestro, pero valió la pena: hemos logrado la entrevista y has tenido con él una conversación muy enriquecedora.

- Aunque me dejó una sensación como agridulce: nos hizo tomar noción de lo lejos que estamos en el Uruguay del gregoriano –lo lejos que pareciera estar ese país de todo, ubicado en esa cómoda y austral periferia del mundo-, lo tortuoso del camino por esto mismo, y el escaso trecho que personalmente hemos recorrido en esta disciplina. Una de las razones tiene que ver con que en los países de Latinoamérica fácilmente se asocia el canto gregoriano a realidades y mundos lejanos. Sin embargo, no creo que sea una gratuidad referirse a él como a un tesoro de la cultura occidental, trascendente de los espacios como trascendió también las épocas. Las generaciones, la pátina del tiempo, los juicios de los conocedores han contribuido a elevar este repertorio a la categoría de monumento de la música, y evaluando el milenio largo que tiene por detrás su historia documentada, el acendrado decir de su mensaje religioso o su inconmovible belleza, difícil resulta negarlo.

Conocedor del impacto mundial de esos fonogramas, Fernández de la Cuesta accedió pues a recibirnos, nos halagó constatar su interés por echar una hojeada a nuestro *parcours* y aun mirar con detenimiento e interés el incipiente *Ave Maria* que escribiéramos tras la primera visita del Papa al Uruguay:

Durante la entrevista intercambiamos ideas sobre la necesidad de comprender el gregoriano como un lenguaje dinámico, en constante renovación en el devenir de los siglos, y no como una estructura rígida establecida desde un arquetipo estático. Esta consideración constituye el punto de partida de su pedagogía. Sostiene que la restauración gregoriana tuvo lugar en un tiempo -el siglo XIX- en que se concebía el arte asociado a su autor, como un objeto acabado y firmado, en tanto que el pensamiento estético actual se orienta a reconocer y distinguir aportes de distintas fuentes en la construcción de un "producto" abierto a la dinámica de las cosas. Entonces, se preguntaba, ¿cuál es el canto gregoriano auténtico? ¿El de este códice? ¿El de aquel otro? O aún: ¿el de este siglo? ¿El del otro? Graves cuestiones que dejan estas melodías en una gran nube, un relativismo fatal que lleva al naufragio a quien quiera bucear en las mismas pretendiendo conclusiones científicas, o tan solo cantarlas en el cuadro de la liturgia, su razón de ser, su fin y lugar.

Nuestra estancia en Madrid toca su fin. Nos adelantamos a ello visitando por la tarde El Escorial, un sitio cercano que no podía dejar de conocer, estando alojados a tan poca distancia.
-Aunque esa visita al Real Monasterio de San Lorenzo fuera apenas a sus fachadas, la volumetría de este impresionante palacio-monasterio que empero, pudimos admirar con detenimiento: estaba cerrado por ser lunes, día de descanso. En cuanto a la Santa Cruz del monasterio del Valle de los Caídos, otro espacio gregoriano en estas tierras, tan solo la distinguimos a lo lejos, desde el tren, inmensa.
-En realidad, no existe manera de no verla, ya que, ubicada en una alta sierra, se levanta hacia el cielo unos 150 m más.

Capítulo II
Santiago de Compostela

GOYA, VELÁZQUEZ, DOÑA PAQUITA
Y OBDULIO VARELA[10]

Martes 4:

EL Padre Segundo Pérez, Rector del Seminario Menor de Santiago de Compostela, ya se había sentado a la mesa para cenar junto a su puñado de alumnos, cuando nos encontrábamos tocando el timbre frente a la puerta del augusto edificio. Una hora inoportuna que sin embargo en nada cambió su gesto amable y expresión afectuosa al recibirnos. Nos estaba esperando. Enseguida se nos sirvió un sabroso plato del que nos ocupamos entre miradas curiosas –recordé entonces mi antigua timidez- y las esperadas preguntas sobre las circunstancias de nuestro viaje.

Estamos instalados en una habitación del 2° piso del Seminario, como un seminarista más. Por la ventana entreabierta la noche silenciosa nos regala su fresca brisa, el campanario de la iglesia, el patio espacioso y apacible, el panorama de la ciudad luminosa a lo lejos, campo estrellado, *campus stellae*,[11] y es al Padre Segundo a quien debo agradecer por todo esto.

- Y también a la comunidad de religiosas clarisas de San José de Carrasco, tus amigas y alumnas, quienes hicieron posible contactarlo.

- Mis amigas y hermanas que mucho me animaron, no solo intercediendo ante sacerdotes como éste, quien nos recibió como un padre recibe a un hijo. Cuánta sabiduría, pensaba en la mesa, la de san Agustín, cuando afirmaba: "quienquiera que crea que entiende la divina Sagrada Escritura o alguna parte de ella que no se base en el doble amor a Dios y a nuestros vecinos, no la entiende en absoluto".

- De eso trata el cristianismo, cuando es auténtico: de la caridad, del amor, clave del Evangelio encarnado en hechos puntuales. Es esa la manera en que se han de entender los dos grandes mandamientos que resumen los demás.[12]

- Precisamente, ayer sentíamos las piedras gritar los efectos que producen la caridad y el amor en el corazón de los hombres, al contemplar el Palacio-monasterio de El Escorial. Aquellos tiempos lejanos, cuando la fe llenaba de monjes las celdas del edificio, actualmente ocupado por unos pocos religiosos agustinos que regentean el museo y los tesoros de arte e historia allí custodiados. El pueblo que surgió en torno a él, sinuoso y panorámico, hoy parece convocar regularmente a jóvenes que se interesan por el arte musical, y a turistas que quieren contemplar el arte regio que guarda la famosa obra de Juan de Herrera y Juan Bautista de Toledo, o sus metros y metros de fachada. La lectura de esta observación lleva fácilmente a la formulación de esta pregunta: ¿El arte ha desplazado a la religión?

- La misma pregunta que te hacías frente a las telas del Museo del Prado, en esa visita que le efectuáramos horas antes de despedirnos de doña Paquita, la propietaria del Hostal Orly, y también de Madrid.

- Goya, Velázquez, Rubens, El Greco, la pintura italiana, flamenca, francesa… Es verdad. Las grandes obras de los grandes maestros, y los grandes misterios de la religión allí representados que hoy no son sino "temas" cuando la fe, ay, se disipa en medio de una sociedad secular que apura el "hoy" como primer objetivo en no importa cuál empresa. En lo personal fue la realización de esas obras lo que me impactó; el "cómo", sabiendo que tras ellas hay un "porque", un *ambiente* cultural y de fe, el *zeitgeist* del que el artista participa de una manera o de otra. Taine en su *Philosophie de l'Art* lo explicaba en sus primeras páginas con claridad meridiana.

Tras dejar el Hostal, nos aguardaba enseguida un viaje en tren de algo más de siete horas; pero nos fue placentero, por el viaje en sí mismo, como por esos compañeros que quisiste instalar en nuestro vagón, entre los cuales un gallego muy locuaz y de bajísima estatura –la cual, según nos manifestó, fue el resultado imprevisto de una mala intervención quirúrgica a la columna realizada durante la Guerra Civil- quien recordaba, no sin estupor de nuestra parte, cada uno de los integrantes de la Selección uruguaya de fútbol que obtuviera la Copa del Mundo en 1950, esos héroes de la mitología popular uruguaya...

Volvemos la mirada hacia las luces que se pierden más allá del patio y de la iglesia. El hálito sagrado que se respira en este lugar me es indescriptible; algo como si se Te respirara. Es la memoria en estos muros de muchas lecciones de teología y el recuerdo de muchas oraciones, que son la mejor lección de teología. Y mientras me voy dejando llevar por la evocación de tanto vivido en tan poco tiempo, y la noche y el sueño se hacen profundos, bajo una reproducción del "Cristo de San Juan de

la Cruz" de Dalí Te escucho en el silencio redondo
y profundo de este Seminario de Belvís…

39

EL ABRAZO AL APÓSTOL,
EL ABRAZO DE LA CATEDRAL

Miércoles 5:

EL descubrimiento de las reliquias del Santiago el Mayor, en Iria Flavia hacia el 814 por el ermitaño Pelagio, precedido por una lejana evocación de Beato de Liébana de finales del siglo VIII señala el comienzo de la historia del culto jacobeo, culto que se manifiesta precisamente aquí, en Santiago, donde nos encontramos. Se ha dicho que esta pequeña ciudad salió al mundo porque el mundo llegó a ella. Pues bien, también nosotros nos allegamos a ella, y cuánto no fue la emoción al encontrarme participando del augusto *Sacrificium* en la Catedral de Tu Apóstol. Me enjugaba las lágrimas, y bien sabes Tú que mis treinta años y pico de Camino ya me han hecho bastante impermeable.

Aquí cada piedra tiene su historia varias veces centenaria, cada talla, cada imagen de este

Santiago omnipresente, Maestro, Peregrino, Caballero, cada signo grabado desde cuándo, guarda su mensaje trascendente. Estamos, ciertamente, en un lugar especial bajo todo punto de vista. La Catedral, cuya silueta se destaca recortada en el panorama de la lejana ciudad medieval, paisaje espléndido que justifica el nombre del lugar: *Belvís* (bella vista), casi como abrazando la Catedral, Cruz y Estrella del Camino, pero también abrazando el silencio, silencio casi Tu presencia.

En cuanto al Seminario Menor, fue construido en 1955, como su iglesia, a pesar de su añoso aspecto exterior. Es una iglesia muy sencilla, aunque hermosa como toda iglesia, en tanto alberga en el claustro del tabernáculo, la Belleza misma. Se lee en el blasón del instituto: *Ego elegi vos*,[13] palabras por la que estos muchachos, mis compañeros - puesto que verdaderamente compartimos con ellos el pan en la mesa- dedican sus años y su juventud, con el ardor indescriptible de quien se siente vocacionado desde lo Alto a seguirte. Tú llamas, y no hay nada ni nadie que pueda detener la respuesta del corazón amoroso...

Hoy a media mañana marchamos junto al Padre Segundo hacia el Centro. Durante el trayecto trabamos conversación sobre tópicos diversos: tu

Iglesia peregrina, la fe, la liturgia, los jóvenes, y hasta los acontecimientos referidos a la Comunidad Jerusalén[14] que tanta tristeza y confusión ocasionaron a la Iglesia uruguaya en tiempos recientes y atravesaron los mares, como suelen hacerlo a veces sin mucha razón que concierna a la edificación de las almas, los acontecimientos menos felices.

-Luego de despedirlo en el Instituto Teológico Compostelano en donde es docente, lo que fuera el antiguo Monasterio de San Martín Pinario, seguimos nuestra marcha.

- Y así, desde esa Plaza de la Azabachería, nos internamos como en un tiempo antiguo serpenteando esas calles sinuosas, la piedra y sus ocres, antes de encontrarnos en la Plaza del Obradoiro y luego cara a cara con la Catedral inmensa, con su amplia nave impregnada del perfume de inciensos, preces y expresiones de alabanza a Tu Santo Nombre, con el Pórtico de la Gloria y sus veinticuatro músicos extasiados en sus solios tañendo y cantando en Tu presencia gloriosa desde el siglo XII. No en vano las palabras de aquel romance:

Gracias, meu Señor Santiago
A vosos pés, me tes xá.
Se queres tirar m'a vida,

A Santiago se le ve en el parteluz todo en piedra policromada, bajo Tu soberbia imagen en majestad de casi tres metros de altura que domina todo el conjunto. En medio de los cuatro evangelistas, presides a apóstoles y profetas, a judíos y gentiles, por cuanto *iam non estis hospites et advenae: sed estis cives sanctorum, et domestici Dei: superaedificati super fundamentum apostolorum et prophetarum, ipso summo angulari lapide Christo Iesu,*[15] como está escrito.

Luego, no nos rehusamos al tradicional testazo al *santo dos croques*, el santo del cabezazo, autorretrato según se supone del mismo maestro Mateo a quien se atribuye el Pórtico de la Gloria, a fin de recibir algo de su genio, tal como hacen aquí las madres con sus hijos lerdos para los estudios. Tampoco dejamos de meter nuestros dedos entre las raíces gastadas del Árbol de Jesé en la columna del arco central, ni desde luego, ya sobre el Sepulcro estelar, abrazar al Apóstol ataviado como un peregrino medioeval, con su bordón con calabaza y su manto, elementos de la tradición y de la devoción popular que se entrelazan como esas raíces genealógicas que *hacen* la historia de la Salvación.

- En esta Catedral se conserva además el famoso *Liber Sancti Iacobi,* también conocido como códice *Calixtinus*, documento que por su riqueza de contenido, su extensión y estado de conservación, es uno de los más importantes llegados del medioevo español con relación a dicho culto, a sus tradiciones, su liturgia y su música.

- Y justamente, tras la celebración eucarística para los peregrinos que se celebra al mediodía, nos recibió en la enorme sacristía y de manera muy amable el Padre Jaime García, el canónigo de la Catedral. Tuvo la gentileza de expedirnos un documento el cual, sin ser "La Compostela", la certificación que reciben los peregrinos llegados a destino, concedida expresamente a quien se hizo a la marcha *devotionis affectu, voti vel pietatis causa,*[16] deja constancia del Camino que hemos realizado, ¡aun obviando el largo tramo en tren desde la Estación Chamartín! Luego, nos invitó a cantar gregoriano en la celebración de mañana, junto a quien nos quiera acompañar. También mañana, a pedido del Padre Segundo, ofreceremos una charla sobre nuestro tema a los seminaristas de Belvís.

- Acompañando al Padre Segundo en estos momentos está en la casa el Padre Gabriel, director espiritual del grupo, quien se interesó por los motivos de nuestro viaje y naturalmente, se reconoció amante incondicional del gregoriano, como casi es de orden entre los pastores de la Iglesia que crecieron abrevando en su espiritualidad y mensaje, el mensaje del Evangelio transformado en neumas.

- ¡Verdad apodíctica! Y sin embargo, hay quienes estando en el Camino se resisten a aceptar estas melodías, como si expresaran un credo diverso. Por ejemplo, ¿se podría haber encontrado una mejor solución a la melodía que propone el introito del domingo de Pascua para decir Tu íntima alegría en el centro de la Trinidad?

45

La verdad es que hoy, de espalda al Santísimo Sacramento, muchos le dan la espalda también a la tradición musical de la Iglesia y a la belleza del arte, que también procede de Dios. Cabría preguntase también en qué momento la cultura de masas ha adormecido nuestra sensibilidad.[17]

CANTAR EN SANTIAGO

Jueves 6:

Antar en la Catedral de Santiago de Compostela fue una experiencia inolvidable. Mi voz barrió como haz de luz los largos metros de la nave, alcanzando creo yo, a todos los presentes. Delante del ambón, el micrófono, ese artefacto que hace cantar a quienes no podrían nunca atreverse a hacerlo, acaso contribuyó a ello. Cantamos solos, *vox clamantis in deserto*,[18] contra todo presupuesto: la Asamblea se limitó a escuchar, aunque percibí que lo hizo con absoluta atención. Sólo en los kyries se insinuó un atisbo de respuesta, como la tímida respuesta que se podría esperar en una Misa celebrada en el Uruguay o en cualquier otro país de Latinoamérica.

Junto al Padre Jaime concelebró un abad suizo, quien nos saludó con deferencia tras la Misa ofrecida en memoria a Santiago Apóstol. Presumo que no olvidaré nunca el momento en el que ascendimos al presbiterio con esos dos sacerdotes Tuyos, y nos instalamos, como tantos otros cantores de distinta época y lugar, en el coro de la Catedral de Santiago de venerables y piadosas maderas...

Conversábamos luego con el Dr. Agustin Dosil, presidente de la Archicofradía del Apóstol Santiago, acerca del interés que en los umbrales del siglo XXI sigue teniendo este centro de peregrinación, el más importante desde los tiempos medievales junto a Roma y a Jerusalén, relacionados por lo demás con Tus apóstoles Santiago, san Pedro y san Juan, respectivamente.

- La tarde después nos encontró recorriendo la ciudad.
-Y chocándonos -literalmente- con los peregrinos y turistas, los que vienen para orar, y los otros muchos que vienen para observar cómo los cristianos oramos o mejor, en dónde es que oramos; nos envolvía el olor de sus comidas, la piedra de sus callejuelas, sentíamos llegar de no se sabe dónde el sonido lejano de jotas y de muñeiras, siempre en torno a la Catedral que se eleva al cielo entre las plazuelas, las fuentes y las iglesias del Camino.

La Catedral es una construcción románica emprendida en el remoto año 1075, a la cual se le fueron agregando otras construcciones que responden a diferentes estilos. La actual es la tercera Catedral conocida, levantada durante el reinado de Alfonso VI. Es un conjunto magnífico por donde se le mire, desde su principal fachada dieciochesca del Obradoiro, en la cual el románico quedó escondido y se le admira sobradamente en el Pórtico de la Gloria; su fachada de Platerías, frente a la fuente de los *cavalinhos de pedra* y con una torre que funde el gótico y el barroco; la fachada que da a la Plaza de la Quintana, del siglo XVII, con su Puerta Santa coronada por las imágenes de Santiago Peregrino y sus discípulos Atanasio y Teodoro; en fin, su fachada neoclásica de la Azabachería, otrora llamada del Paraíso, allí donde termina el Camino Francés.

- Te cautivó particularmente la iglesia de la Corticela, a la que acudían antiguamente los monjes benedictinos de San Pelayo de Antealtares -ahora monasterio femenino- a fin de rendir culto a Santiago Apóstol. Y te sorprendió descubrir en una hornacina una imagen de la entrañable Virgen de Luján, devoción de las naciones del Plata, imagen ésta que sustituye otra que había donado Eva Perón…

- Inclusive vimos en acción el famoso *botafumeiro,* ese gigantesco desodorante ambiental que concita la atención de los curiosos; y en verdad impresiona vérselo balancear por el transepto, frente a la Capilla Mayor hasta alcanzar casi los 180°, a cambio de lo cual contribuye a la sacralización, preparando ambiente y corazones.

Hace apenas un instante concluimos nuestra conferencia sobre la oración musical gregoriana ofrecida a los seminaristas de las diócesis de Mondoñedo-Ferrol aquí alojados. Se mostraron interesados muchos de ellos por este patrimonio de Tu Iglesia, símbolo de su unidad y de su universalidad, aunque alguno que otro se manifestó un tanto escéptico de su vigencia como lenguaje litúrgico o como instrumento de pastoral. Dudas típicas, respuestas obvias: por encima de todo, el gregoriano *funciona,* dice de Ti, incluso al profano. ¡Quieras Tú que de cuanto expusimos, algo haya quedado en el corazón de estos jóvenes, para el bien de ellos y de su futura vida sacerdotal! Si esto es así, podremos decir que en esta última noche compostelana, hemos plantado aquí una pequeña semilla.

BURGALÉS POR UN DÍA

Viernes 7:

Os es harto difícil la recepción de tantas gracias, Señor, sabiéndonos tan indignos siquiera de proclamarnos cristianos. Ya con haber estado en el Camarín, frente al plateado Sepulcro del Apóstol o bajo al Pórtico de la Gloria, ya con haber cantado en la Catedral de Santiago, *Santa Apostólica y Metropolitana*, o haber compartido nuestra experiencia gregoriana con los seminaristas alojados en el Seminario de esa ciudad, se hubiera completado un inmenso don; todo esto, ya hubiera justificado atravesar el océano desde el aire, y no obstante ello, recién hemos emprendido nuestro camino...

Nos encontramos desde las 17,35 h en Burgos, ciudad vinculada a Santiago, por cuanto se encuentra en el Camino Francés, instalados nosotros y nuestro equipaje -casi, otra persona por su volumen considerable- en esta habitación de la Facultad de Teología, en la esquina de Martínez del Campo y Asunción de Nuestra Señora, y por tanto a escasos metros de otra Catedral monumental, corazón de la ciudad y patrimonio de la humanidad. Pero pese a lo deseado, hoy apenas sí la apreciamos en su aspecto exterior, esperando a que mañana podamos recorrerla por dentro, a primera hora, si Tú lo dispones.

Una primera impresión pese a la lluvia nos encontró en los restos del castillo burgalés integrados a un enorme parque, al que ascendimos tras contratar un *city-tour* llevado a cabo en uno de esos inefables vehículos con aspecto de locomotora de vapor. Pudimos apreciar el espectáculo de esta otra ciudad medieval, bañada por el Arlanzón y con la Catedral en medio como joya engarzada, entre la cortina de agua que el viento llevaba de aquí para allá, enorme *voile* pendiendo de lo alto. Dedicada a la Asunción de Nuestra Señora, esto es así al parecer ya desde el siglo XI, cuando El Cid al despedirse de Burgos, rumbo al destierro, pidió la protección de la santa Virgen:

> *La cara del cavallo tornó a Santa María,*
> *Alçó su mano diestra, la cara se santigua:*
> *A tí lo gradesco, Dios, que çielo e tierra guías;*
> *Válanme tus vertudes, gloriosa santa María!*

Lo que permitiría inferir que entonces esta iglesia ya estaba en el lugar, siendo así de las primeras en ser dedicadas a ese misterio de la fe reconocido por Pio XII recién en 1950.

 - Vueltos a nuestra habitación tras una agradable cena junto a un grupo de jóvenes, contemplamos el claustro oscuro lleno de religión y academia, con su blasón amurado y el Sagrado Corazón en medio del jardín, que ahora la noche apenas permite imaginar.
- Navegar en este silencio profundo, estar aquí, en este espacio que se llena de Tu voz, es un don y un misterio, profundo como la misma noche. Y, al mismo tiempo, ¡cuánta nostalgia por mi esposa e hijo! Sabes que oro por ellos a Nuestra Madre, que tiene mejor voz que la mía.
- Ella, que es Mi Madre y es tu Madre. En sus ojos maternos se descubre su amor incondicional y en sus manos generosas su protección que no pasa, no importa el tiempo ni el lugar. ¿Cómo habría entonces de dejarlos sin resguardo?

Capítulo III
Santo Domingo de Silos

APROXIMACIÓN A SILOS

Sábado 8:

LA frase de Saint-Exupéry es bien conocida: "no hay más que un problema en el mundo: devolver a los hombres una significación espiritual, inquietudes espirituales. Hacer llover sobre ellos algo que se parezca a un canto gregoriano", y en medio de una liturgia como la que jamás habíamos asistido en persona, reflexionábamos hoy sobre la veracidad de esa sentencia, cuando nos encontramos instalados ahora en la Abadía de Santo Domingo de Silos, en Castilla.

- Y sin duda, en estos tiempos complejos, el efecto *purificador* del gregoriano fue la razón del inusitado interés que despertó en los medios masivos, amplificando lo que se constituyó en un verdadero fenómeno social.

- Que los discos grabados por una comunidad monástica desplazaran a los de las estrellas del *pop* fue un hecho sin precedentes; así, las dulces y delicadas melodías gregorianas vendían más que artistas populares como Gloria Estefan, Frank Sinatra o incluso The Beatles. Los discos de platino se multiplicaron -algunos de ellos exhibidos en la tienda que está a la entrada del monasterio- como se multiplicaron los adolescentes en las tiendas de música, hurgando en los exhibidores para encontrar copias de los discos que les ofrecían una música acogida como *alternativa* a sus propios gustos musicales. Desde los liceales desatentos en la asignatura musical como los melómanos inveterados, todos habían escuchado los ondulantes desarrollos melódicos del canto gregoriano. Sí; nunca tuvo pues, esta música tan amplio y diversificado auditorio como en el entonces, demostrando precisamente que el arte cuando es arte verdadero no tiene signo ni requiere de apologías.

Henos aquí pues, raro privilegio, luego de un pintoresco viaje en un ómnibus rural, con mucha tierra, gentes y bultos de todo tipo -faltaron las gallinas-, escenas que solo se pueden ver en las películas, y frente a un paisaje crepuscular que se despliega tras la ventana de la habitación de manera escenográfica: la inmensa secuoya en el patio de entrada, el portón y la elocuente muralla evocadora de un mundo feudal, el huerto, el macizo rocoso castellano más allá, teñido por las amplias pinceladas del ocaso.

Vuelvo sobre los oficios cuyos ecos aún resuenan en mi recuerdo, todo lo cual, recien llegados, comenzamos a incorporar a nuestra experiencia de vida, a nuestros sentidos, a nuestra persona.
Respiro profundamente por aquello de "¿dónde estás, hombre, cuando no estás contigo?", a fin de recogerme en la paz que veníamos buscando desde hace tanto, y permanecer en ella sin empañar este momento único de la primera noche benedictina en esta casa y este universo que el propio Patriarca, mi amigo del Cielo san Benito, protege.[19]

UN ALTO EN EL CAMINO,
UNA CATEDRAL DEL CAMINO

Domingo 9:

Elebración de *Corpus Christi* en el monasterio de Santo Domingo de Silos. ¿Cuándo en la encrucijada de nuestro camino, volveremos a encontrarnos en Silos, en otro día de *Corpus* como el de hoy? Por lo pronto fue gracias a Tu auxilio divino siempre presuroso en socorrerme, que nuestros pasos nos trajeron hasta aquí, en marcha hacia Roma sobre el surco gregoriano e inmerso en él.

Así pues, estamos sentados en el escritorio de una habitación que lleva por nombre "San Eulogio" en memoria de Eulogio de Córdoba -el mismo que dio su vida por la fe durante aquellos "tiempos mortíferos" de los omeyas de Al-Andalus-, y bien sabes lo oneroso que me resulta dejar en el papel apenas un rastro de cuanto vivimos en estos últimos días. El panorama rebosante de luz tras la ventana sigue dejando en evidencia mi breve pluma al querer justamente describirlo.

En Burgos, ciudad fundada precisamente para detener el avance musulmán, hemos recorrido callejuelas y caminado bajo sugestivos arcos como el de Santa María; hemos atravesado plazuelas y subido escaleras, sintiendo más que evocando la Edad Media, como acaso aquel remoto antepasado llamado Merelo, por negocios o por morerías, la ciencia genealógica da cuenta que recorría Valencia o Murcia, y quién sabe si alguna vez pisó donde nuestros pasos. Allí, es como si el mismísimo Cid pudiera surgir en cualquier momento y en cualquier esquina con su porte desafiante, tal como se le ve en su estatua ecuestre.

- Pero sobre todo, nos hemos dejado cautivar con la Catedral.
- Absolutamente. Sobre aquella, decía Théophile Gautier: "aunque se mirara dos años seguidos, no se vería todo; es algo gigantesco como una pirámide y delicado como una joya femenina, y no se comprende cómo tal filigrana puede sostenerse en el aire durante siglos y siglos". Se da cuenta que la primera piedra fue puesta por san Fernando III hacia 1221 y se consagró cuarenta años más tarde, pero su construcción demoró cuatrocientos años en total. Está en restauración en estos momentos, excepto las agujas y la

espléndida Capilla del Condestable. De todas maneras, los andamios no ocultan su esplendor.

- Que se deja ver con andamios o sin ellos.

- Ya lo creo. En cuanto a la célebre Escalera Dorada -hoy tras una inmensa malla oscura- es bien sabido que fue modelo para la de la Opera Garnier de Paris. Quieras Tú que podamos verla algún día completamente restaurada. O incluso volver a sobrecogernos contemplando la impresionante imagen del Santo Cristo, imagen, según se dice, traída por un mercader que la encontró en alta mar, toda de madera, aunque presumiblemente cubierta con piel de búfalo.

- Impacta por su barba y su cabello, e incluso por las uñas humanas que tiene incrustadas en los dedos de sus manos. En cuanto a su cabeza, se mueve a ambos lados, y los brazos si se desclavan, caen inertes. Cuánta razón tenía Unamuno, quien se refería a lo "terriblemente trágicos" que son los crucifijos españoles.

- Parece ser que la devoción a esta imagen increíble está muy arraigada entre los burgaleses, en virtud de los muchos prodigios que se le atribuyen.

La Puerta del Sarmental, célebre e igualmente soberbia, con el Cristo Maestro dictando a los evangelistas en ese tímpano sin igual, la sillería renacentista del coro, la estrella del crucero, "más obra de ángeles que de hombres", bajo la cual descansan los restos del Cid Campeador, o el altar mayor, la cantidad de capillas, la cantidad de arte y estilos en su girola, el claustro gótico, son ciertamente todas obras del ingenio humano de las que asimismo resulta difícil poder referirse con palabras de admiración apenas aproximativas.

DE ABADES, FLORES Y DIAMANTES

Lunes 10:

AYer, de casualidad -alguien diría: Tu divina manera de pasar inadvertido- llegó a Silos el Abad de Saint-Pierre de Solesmes dom Philippe Dupont.[20] En tanto Abad de Solesmes, es el Presidente de la Congregación Solesmense a la cual pertenece este monasterio, por lo que, en ocasión de la fiesta de *Corpus*, su presencia aquí fue un motivo más para celebrar una liturgia diferente, con los ornamentos pontificales, mucho incienso y, naturalmente una procesión por el pueblo colmada de jubilosos colores.

- Habían niños que se adelantaban al paso del dosel para esparcir pétalos de rosa a mi paso, habían muchos arreglos florales en las ventanas, habían banderas nacionales sobre los balcones, y mantos blancos y más flores y todo el pueblo de fiesta en la calle.

- Y en medio de todo aquello, ascendía a lo alto como ese fragante incienso el *Tantum ergo*, dejando en el alma de los presentes los afectos de la belleza genuina -la que emana de la limpia sencillez y de lo enraizado con profundidad y certidumbre.

La Misa congregó a muchos fieles; fue impresionante verlos colmar la inmensa iglesia abacial, un edificio que admiramos desde el primer momento por su significativa sobriedad, la que presenta al observador al menos desde hace unos treinta años, cuando se resolvió sacarle yeso y pinturas para dejarlo en piedra, tal como hoy luce, con su severo neoclasicismo de fines del siglo XVIII. Allí pues, bajo sus bóvedas y arcadas pudimos entonar en nuestra pequeñez Tus alabanzas. A eso en definitiva vinimos; para eso fuimos invitados por la comunidad monástica, ¡y vamos, si no es ya decir! Asistir a la oración litúrgica que se celebra en el monasterio, cantar el Oficio junto a los monjes: la treintena de monjes, los otros peregrinos, nosotros, los que se animan, los que pueden cantar gregoriano con ellos. Como Williams, un estadounidense ya de cierta edad y alto como uno se imagina a los estadounidenses, miembro de la Iglesia Episcopal y que conoce bien este repertorio vocal. Con él estamos a punta de banco, en el primero de la iglesia, y a menudo nos cruzamos camino a ella en el claustro románico, cuando asistimos a los distintos oficios.

Así pues, nos vamos acompasando en su ritmo regular, en su pausa y tono a las diversas horas canónicas que llenan el día, salmo a salmo, abrevando en su silencioso *ausculta*[21], la invitación de la *Regla* sobre la que se asienta la vida contemplativa. ¿Acaso no decía san Ignacio de Antioquía que el silencio se relaciona con nuestro Padre, por cuanto Jesucristo es "Palabra que procede del silencio"? Es un silencio sonoro que se hace *vox Dei*,[22] este silencio que explicita el Dios invisible.

- La liturgia alterna gregoriano en latín con salmodia en castellano, una práctica que te llamó la atención, a partir del antecedente de las famosas grabaciones mediante las cuales los monjes de Silos se habían constituido a los ojos del mundo en una suerte de centinelas del gregoriano "puro".
- Es verdad. No quisiera aquí juzgar las razones que llevaron a efectuar la sustitución parcial del latín por el castellano, aunque puedo lamentar la pérdida que esto significa, a lo que cabría agregar el hecho de que el castellano es muy orgulloso de su lengua. Lo cierto es que aquí sólo se canta la salmodia en latín en las Horas mayores, Laudes y

Vísperas. Lo que pongo en cuestión y Tú lo sabes, es el uso del órgano o del armonio acompañando el gregoriano: siempre se me representó como que "baja a tierra" un canto que del todo parece venido del Cielo, más allá de otras consideraciones de carácter técnico.

Despachamos hoy algunas cartas a los míos, de quienes jamás nos habíamos apartado por tan largo tiempo. Cuán duro es este alejamiento, que se hace al mismo tiempo también extremadamente precioso como el diamante más refulgente, por todo lo que estamos viviendo.
- La rosa y el diamante se encuentran en la culminación de su inobjetable hermosura y constituyen dos formas distantes de una misma belleza: basta con que tú lo quieras ver, hijo mío.

SILOS POR DENTRO

Martes 11:

ME consta que en esta altura de la historia, hay quienes se preguntan por la razón de ser del monaquismo; el cómo y aun el para qué de la institución monástica. Los monjes,[23] viviendo en la soledad del desierto, son aquellos llamados por Dios a seguirle, a buscarte. Por Dios el monje se desvela: Tú llamas y lo deja todo, Te sigue de manera radical. Tú, Cristo, eres su ideal, y es sabido que "el hombre vale por lo que busca", como afirma Columba Marmion en *Le Christ, idéal du moine*.

- La acción y la oración encuentran pues su justo equilibro en el centro de la Cruz, lo cual explica el *ora et labora*[24] del lema benedictino, e incluso la necesidad de estos centros de oración en el seno de la Iglesia, donde se vive en caridad fraterna esta búsqueda de Dios y de perfección en el amor.

Lugar privilegiado de esta forma de vida es el coro de la iglesia, es decir, el sitio donde los monjes se instalan para las distintas celebraciones.

- Conforme pasa el tiempo, por los imbricados senderos del sonido entre los distintos espacios, los escuchamos de mil formas, mil formas de comprobar que cantan magníficamente, desde el corazón hacia el Tuyo, es decir orando, pero aparte, orando de una manera bellísima.

-Esto también es debido a que tenemos la dicha de sentarnos entre ellos, en Laudes, codo a codo, oportunidad ideal para escuchar a la comunidad en otra situación, sin contar con el benéfico efecto de la acústica de la iglesia, que lo sabemos, jerarquiza o estropea el mejor de los resultados musicales, según sea el caso.

- Más aún: estamos cantando con ellos, lo que nos inhibe a adoptar una actitud pasiva, de simple auditor. Como el siglo nos hace imposible tener la totalidad de las piezas del Oficio *in mente* –ojalá, para un canto aun más auténtico, como el de aquel monje del año 1000- el encuentro con varias de estas piezas es en medio de la liturgia, a lo cual siempre nos resistimos, sea por el espontáneo respeto y veneración a las melodías sagradas como por las enseñanzas de Garateguy en ese sentido.

Fue una sensación extraña, intensa y hermosa, haber subido al coro; una delicadeza acaso de rutina con los peregrinos alojados, que personalmente mucho agradezco a los hermanos y a Ti, en definitiva, a Quien subo *sicut incemsum in conspectu tuo*[25] en mi imperfecta alabanza. ¿No es eso acaso, subir a Ti en nuestra alabanza, la razón de ser de éste y de todos los monasterios?

Precisamente, a conocer un poco más de este monasterio monumental dedicamos la tarde de hoy; por ejemplo, en lo concerniente a su claustro románico, observado y recorrido minuciosamente durante todo el día en su nivel inferior por grupos de peregrinos y turistas de distintas lenguas y acentos, guiados por un guía muy versado.
Dos son los claustros con que cuenta la abadía: el claustro románico es el que engarza el centenario ciprés, al cual cantaron entre otros Gerardo Diego (y que ahora no está sólo, ya que crecen próximos a la fuente central otros tres pequeños); es el centro de toda la vida monástica y hacia donde dan siempre los espacios más importantes de un monasterio. Obra maestra anónima de los siglos XI y XII -y hay quien atribuye su inspiración al propio santo Domingo Abad-, se ha dicho de él que es más obra de poeta que de escultor. Los capiteles de columnas pareadas y temas uno al

otro diferentes -hojas, animales, bestias fantásticas, representaciones alegóricas, motivos historiados, oficios-, armonioso en su conjunto y perfecto en cada detalle, lo hacen único, más el claustro inferior que el superior, de época posterior. Llama la atención las columnas torsadas del lado oeste, que parecieran ser la firma genial de quien concibió y ejecutó todo el conjunto. Mención aparte merece el artesonado mudéjar del siglo XIV y sobre todo los ocho bajorrelieves, que no dejan de resultar impresionantes a quien los admira por su calidad, simbolismo y expresión. Nos detenemos con tiempo y disfrute estético frente a cada uno de ellos: La Ascensión, Pentecostés, La Sepultura y Resurrección, El Descendimiento, Los Discípulos de Emaús, La Duda de Santo Tomás, La Anunciación y Coronación de la Virgen, y El Árbol de Jesé. Nos llamó la atención también a nivel de piso, diseños que los evocan, y asimismo otro tipo de figuras, no tanto escritura abreviada como símbolos propiamente dichos, referidos a Tu Santa Cruz, centro de la Redención humana, desde la Serpiente de bronce hasta la letra griega ϱ (rho) presentada en forma de áncora. La Cruz Tau o de San Antonio con la serpiente enroscada evoca naturalmente la que Moisés levantó en el desierto, figura de la Crucifixión del Hijo del Hombre, según enseñas. No en vano se le añadieron el sol y la luna, a fin de mostrar que en ella se concilian los opuestos, y que en ella la Creación reestableció su armonía. También está allí la conocida Cruz de Constantino que Te refiere como el núcleo de la historia: *Ego sum alpha et omega, initium et finis.*[26]

No podía faltar aquí la Cruz de san Benito, un signo de origen incierto, no rastreable más allá del siglo XIV, cuyo poder dio lugar a una tradicional devoción cristiana, incluso reconocida por los papas. Está a la entrada del claustro, desarrollada en dos cuadriláteros, a los que se le agregó un tercero, con el año en que se realizó la obra completa, a la salida del mismo.

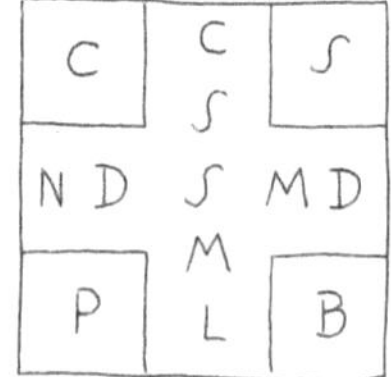
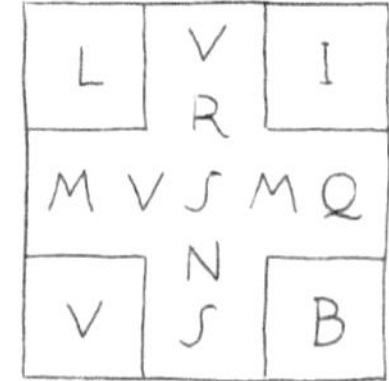

Sobre el claustro da la Botica, antigua farmacia del monasterio, de principio del siglo XVIII, en donde los monjes elaboraban las recetas terapéuticas sobre la base de hierbas extraídas de un jardín botánico muy completo. Conserva su ambiente antiguo con sus morteros, sus matraces, y su botamen en fina loza de Talavera de la Reina, la pequeña ciudad toledana.

- El otro claustro es debido al Abad don Baltasar Díaz. Se remonta a la primera mitad del siglo XVIII y enmarca el llamado Patio de San José, por cuanto la imagen del Patriarca lo preside en su centro; en torno a él se han erigido las construcciones más recientes, incluyendo las celdas de los monjes, la hospedería y la biblioteca.

- Precisamente, no hace de esto dos horas, luego de las Vísperas y la cena, el hospedero Padre Moisés Salgado, nos hizo conocer la biblioteca actual del monasterio. También nos enseñó la futura Sala de Exposiciones que están construyendo, funcional sin ir en desmedro de la estética, por su mucha madera y cristales. Pero sin los manuscritos gregorianos que como Te imaginarás, hubiéramos querido ver: acaso los pocos que no se pueden encontrar en el *British Museum*...

ACERCA DE VERSOS
Y CONVERSACIONES

Miércoles 12:

Quien alguna vez ha visitado un monasterio conoce la paz y la armonía que irradian sus muros. Es una paz antigua, inherente al lema fundacional del monaquismo benedictino y por lo demás la primera palabra del Resucitado: *pax*. Aquí se comulga con el pasado en tanto un presente permanente, un presente que no pasa. Un presente tan intenso, misterioso y colmado de luz que nos impulsa a querer retener este ambiente de alguna manera. Leo por ejemplo, los versos que una visitante valenciana escribió el 28 de mayo de este año en el libro de visitas de la hospedería:

UN MONASTERIO ES:

Aposento para descansar,
archivo para no olvidar,
biblioteca para formar,

cátedra para estudiar,
escuela para el prójimo amar,
granja para alimentar,
historia para rememorar,
hospital para el alma curar,
huerta para en ella orar,
monumento para testimoniar,
museo para contemplar,
plataforma para el Cielo volar,
taller para trabajar,
templo para en él rezar
y tiempo para meditar.

Pero sobre todo, añadiría yo, lo que despierta en el visitante estos lugares, es lo que se hunde en su misma razón: el espíritu de permanente escucha de lo que Tú tienes para decirle, en sintonía con lo que los monjes tienen que escuchar de Ti. Hay, pues, en esa actitud de predisposición y particularmente en la *lectio divina,*[27] una necesidad de despojamiento de sí mismo para dar lugar a la encarnación de esta Palabra.

Reconozco que hay mucho de poesía en esto que estoy diciendo. No en vano el Cardenal Newman al referirse a la condición del monje, decía que es "el más poético de los estados religiosos". A nosotros mismos, tras compartir un café frente al monasterio con otros dos peregrinos aquí

75

alojados, Fernando, filólogo hispanista, y Juanjo, economista y abogado, la paz monástica y su tiempo detenido llevó a que se nos presentaran estos otros versos construidos para Aurora:

TODA MI VIDA

Tal vez de mis labios no brote cuantas veces debiera;
tal vez mis brazos no te estrechen
todas las veces que justo es esperar;
tal vez no te lo reitere una y otra vez,
porque supongo que tú ya lo sabes;
que te amo más que a mí mismo,
y te necesito totalmente,
como el ave que se lanza al cielo,
como el pez reclama el agua,
como nosotros mismos necesitamos del sol,
a fin de que se hagan visibles nuestros rastros.

Limpia luz que riegas en lo alto mi sendero estrecho,
ese apunte de infinito que no termino de abarcar
si no estuvieras a mi lado,
tan entrañable,
firme como la columna del arco románico,
segura y llena de vida como la Señora de Marzo,
única como la sola luna del firmamento,
hecha para mí y yo para ti,
con mi escueta humanidad embriagada de abismos:

76

así eres para mí, Aurora del alma,
permanente aurora sin ocaso.

Toda mi vida.

¿Vestigios de nuestros adolescentes años de poeta? Entonces, escribíamos pensando que con la poesía era posible cambiar el universo, y nos imaginábamos portentos de la letra, dignos discípulos del genial Carlos Sábat Ercasty[28] y como él, "pastor de soledades", poeta cósmico, poeta músico, poeta escultor, poeta clásico. ¡Aun cuando del clasicismo, en un mundo de cibernautas y cultura *light,* solo queden exégesis polvorientas y ciertas esculturas residuales en las salas de algunos museos! Después comprendimos que lo mejor que podríamos hacer para ayudar a la gente a recuperar su trascendencia espiritual no es "hacer llover sobre ellos algo que se parezca a un canto gregoriano" sino el gregoriano mismo, con todo su efecto liberador, revolucionario del corazón y luego de la acción, para lo cual nos estamos preparando, y seguramente que lo seguiremos haciendo hasta que nos encontremos Tú y yo cara a cara.

Te hablaba de algunos peregrinos que tuvimos el gusto de conocer y con quienes hemos tenido oportunidad de departir, principalmente en el refectorio de la hospedería, por cuanto éste se encuentra separado del de la comunidad y es posible conversar allí con discreción, luego que el Padre Moisés bendice la comida. Gente muy agradable: los tres seminaristas puertorriqueños, un bancario catalán llamado Manolo, entre otros peregrinos, los que van sucediéndose continuamente, unos entran, otros salen…

Hemos comenzado a organizar hoy una planilla descriptiva de la liturgia silense, con todas las particularidades propias de esta casa. Así, de la práctica cotidiana del canto litúrgico tomamos nota de los esquemas del *Kyriale*[29] que se entonaron desde el domingo a la fecha: la Misa *Cum iubilo*, un esquema tomado del *Supplementum ad Kyriale* de don Germán Prado, el connotado gregorianista silense -comprende, como se sabe, piezas de San Millán de la Cogolla, Santo Domingo de Silos, la Catedral de Huesca-, la Misa *Cunctipotens genitor Deus*, la Misa XVI. Además, pudimos al fin, conversar brevemente con el Padre José Luis Angulo, el actual maestro de coro. Comprendimos que anda muy atareado, aunque nos aseguró un encuentro para el sábado. Quieras Tú.

SILOS POR FUERA

Jueves 13:

Carta de Montevideo: ¡inmensa y extraña alegría tener aquí la letra y palabras de Aurora, de mis padres, ¡y hasta los deliciosos garabatos de Juan Pedro! Es cuando constatamos una vez más que las palabras dichas o escritas son permeables al espacio, tanto como al tiempo, en una forma sutil e inaudita de presencia del espíritu de quien son portadoras.

Hoy por la tarde decidimos traspasar el grueso perímetro de estos muros venerables para hacernos a la marcha por el entorno cercano, pies en tierra, en sentido estricto. Sabido es que el monasterio y el espacio aledaño son uno desde siempre. Así pues, venido de la misma constitución del estado monástico, el *ora et labora* se expresa en el trabajo intelectual como el manual, y este último fundamentalmente en relación con el campo y sus labores, la huerta y el jardín.

- Pero además está el simbolismo mariano del *hortus conclusus*[30] que reenvía a la Virginidad de María, ese espacio contemplativo, jardín privado, cercado, lleno de flores aromáticas, que es tipología del jardín monástico medieval y luego de la iconografía, tanto de las iluminaciones como de la pintura gótica y renacentista.

- Precisamente, esos sentimientos nos movieron a que, Zenit en mano, nos dispusiéramos a su descubrimiento. El sol con que bañaste de luz esta jornada de primavera la hizo más que propicia para *apropiarnos* más aún de la huerta silense y luego del pueblo allá afuera, o la colina sobre la que se recuesta este cenobio desde los lejanos siglos medievales.

La huerta constituye todo un verdadero espectáculo para el espíritu y los sentidos, un festival de colores y perfumes, en sus flores variopintas, sus verdores, sus cultivos y frutales; un vergel que lleva a uno a preguntarse si era el Edén un sitio como éste; si acaso Adán nuestro padre era dueño y señor de tan hermosa heredad, si sus retinas tenían a su ilimitada disposición imágenes como éstas. Lleva a reflexionar sobre Tu misericordia sin límites en reintegrarnos Tu amistad por el árbol de la Cruz, noble como ninguno, devolviéndonos no esta evocación: esta realidad terrenal y vegetal de la que disfrutamos hoy, mientras ascendíamos la colina siguiendo las estaciones de un antiguo *via crucis*, luego de atravesar el Arco de San Juan. Una vez arriba, nos encontramos con una imagen de Nuestra Señora en la advocación de Madre de Todos los Pueblos, y con un paisaje espléndido de pueblo y monasterio, una postal imborrable.

- Silos, allá abajo se veía pequeño y pintoresco, abigarrado como un racimo de callejuelas zigzagueantes, creciendo en torno al monasterio, tal cual surgían los centros poblados durante la Edad Media, bajo el amparo y protección del *abba*, el abad que se hacía un verdadero padre allende la comunidad de monjes establecidos en la clausura.

- Su alrededor de trecientos habitantes viven en un entorno como paralizado en el tiempo, a la vera de la sierra de la Demanda, entre la Peña de Carazo y las Peñas de Cervera. Leímos en Burgos que se está hablando ahora de crear un "Camino del Cid" así llamado, un largo recorrido turístico cultural, que incluye Silos por cuanto se dice que el propio Ramón Díaz de Vivar y su esposa habrían hecho importantes donaciones al monasterio, cuyo claustro por entonces estaba en construcción.

- También participamos de un Oficio de Nona distinto.

- Es verdad. Por ser jueves -día de descanso de la comunidad, como luego me informé- se rezó frente al refectorio, en una de las galerías del claustro nuevo. Concluido el Oficio, los hermanos salieron en verdadero clima de recreo a caminar por el pueblo, los mayores bastón en mano, y todos compartiendo una bolsa de caramelos que antes el Padre Abad había arrojado por el aire a uno de ellos. Nosotros en cambio, dedicamos lo que quedaba de la tarde a contemplar el otro claustro, examinando los sesenta y cuatro pares de columnas y sintiéndote muy cerca. Aunque, en verdad, no es que Te sienta cerca, sino que yo lo estoy de Ti. ¿Acaso no enseña san Benito que el monasterio es verdadera *domus Dei*?

CON MARÍA, EN EL CORAZÓN DE JESÚS

Viernes 14:

NO solo el Padre José Luis Angulo toca el órgano de la iglesia abacial, sino también el Padre Bernardo García, quien según nos manifestó, estuvo bastante tiempo en la Abadía de San Benito de Luján, una fundación de Silos en la Argentina que se remonta a 1914. "¿Así que eres uruguayo?" - nos preguntó el Padre Bernardo frente a la Puerta de las Vírgenes, terminado un Oficio. Y pronunció la *y* con la articulación rehilada característica que se da a esta letra en el ámbito del Río de la Plata, lo que los lingüistas llaman precisamente yeísmo rehilado. Después el Padre Moisés nos saludaría diciéndonos: "¿cómo andas, uruguayo?, exagerando la misma pronunciación...

Hoy, Silos festejó con gran solemnidad la fiesta del Sagrado Corazón, el cual, lo sabemos, es el centro mismo del amor divino, y entonces una forma de invitarnos a compartir Tus mismos sentimientos.

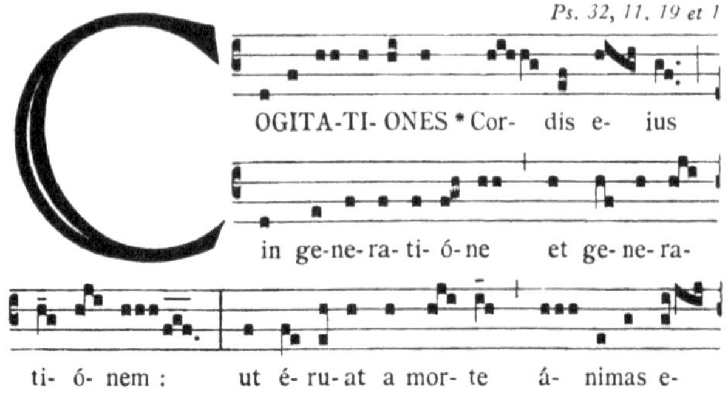

Materialmente atravesado por la lanza de Longinos y por nuestras muchas debilidades, de allí mana también la misericordia de Dios sin límites.

Se trata de una devoción antigua propagada por san Buenaventura y san Alberto Magno, pero sobre todo ya en el siglo XVII por san Juan Eudes y san Francisco de Sales, el fundador de la Orden de la Visitación, y muy difundida a partir de las revelaciones que recibió una de sus religiosas, santa Margarita María de Alacoque.

- Así pues, el Sagrado Corazón, emblema de los vandeanos durante el Terror revolucionario y luego advocación de iglesias magníficas levantadas aquí y allá, hoy entre estos muros fue puesto en honor.

- Y de qué forma, Maestro, los hermanos le cantaron en una liturgia cuidada al extremo detalle, como es propio del benedictinismo: unción, reverencia y sobre todo ese gregoriano de dulce suavidad, pero al mismo tiempo vigoroso y seguro -condiciones de la oración misma- donde cada palabra del Libro es bien dicha, bien fraseada, bien *orada,* lo que evidentemente hace que llegue lejos, alto, llegue a Ti, tal como Tú has enseñado cuando estabas entre nosotros como uno más: *et omnia quaecumque petieritis in oratione credentes, accipietis.*[31] Y así siempre, y como esta jornada, esta semana, imagino otras muchas, otros meses, años, otros siglos. Es el fruto de la gracia y de la experiencia de hombres que buscan Tu Corazón con sincero corazón.

- Presidió la solemne Misa el Abad de San Salvador de Leyre, quien también está de visita desde hace unos días.

- La festividad culminó tras las Vísperas, cuando la casa fue consagrada al Sagrado Corazón, se hizo adoración al Santísimo y se procesionó por el claustro románico hasta el altar de Nuestra Señora de Marzo, esa bella imagen del gótico siglo XIII, que pareciera ofrecer una flor a sus devotos hijos.

Luego del rosario bajo la guía del Padre Moisés, mientras las sombras iban ganando los luminosos verdores de la huerta, meditaciones profundas caminando sobre los Ave Maria, que concluimos hace apenas un rato, prolongamos ahora nuestra plegaria como en la *iucunda ruminatio*[32] querida por san Bernardo: el error de Eva, el nacimiento de María; la muerte que trajo aquella, la vida que recuperó nuestra Madre y que ofrenda como la flor de la sedente Señora de Marzo, de cara al Poniente, la vida que brota...

LUGARES Y PAISAJES DE CASTILLA

Sábado 15:

Os acaba de comunicar el Padre Bernardo que llamaron de casa, y nos dejaron los saludos en el contestador telefónico. Supongo habrán sido nuestros padres, respondiendo a la carta que le enviáramos días atrás.

- Entonces nos encontrábamos en un pintoresco bodegón de Salas de los Infantes, localidad ubicada a unos pocos kilómetros de Silos, junto a otros dos peregrinos aquí hospedados, de nombre José Manuel y Antonio, quienes nos invitaron a conocer esa localidad.

- Teníamos el propósito de cambiar unos dineros, a fin de dejar una limosna a esta comunidad tan hospitalaria. Lo cierto es que nos encontrábamos a media mañana picando fiambres y tomando unos buenos vinos fríos en uno de esos lugares típicos que no pudimos visitar en Madrid, con dos señores septuagenarios extremadamente amables y generosos conmigo. No hacían más que discutir animosamente con ese tono de confianza y seguridad de que las palabras no caen en terreno espinoso que solo dan los años de una amistad enraizada en la propia existencia, en este caso, de varias décadas. No en vano se ha dicho de los amigos que son la familia escogida, de lo que doy fe en lo que a mí respecta.

Me divertía oír a estos dos vascos bien vascos en ese ir y venir de epítetos y comentarios recíprocos, con la "sal" española en el decir tan inconfundible y disfrutable para el foráneo. Entre tanto, nos dejábamos ganar por el paisaje serrano y su sinuoso subir y bajar, antes de llegar a Salas de los Infantes. Fue José Manuel quien sacó el efectivo del cajero automático para cambiarnos, tras lo cual compartimos un rato ameno en el referido bodegón, del que al parecer ambos son *habitués.*

Reflexionábamos en este punto de nuestro viaje, acerca de la bonanza económica que viven estas naciones, otrora tierra de emigrantes. El dinero pareciera aquí estar al alcance siempre, y no ser el principal motivo de preocupación del día a día tal como en nuestros países latinoamericanos, donde si se tiene fe, se puede vivir a diario el milagro de la multiplicación de los panes. Tras esos refrigerios, volvimos nuestros pasos hacia Silos, no sin antes pasar por una localidad cercana.

- Hacinas. Otro sitio castellano que quisieron que conociéramos.

- El principal interés turístico del lugar son los restos de unos árboles fosilizados del Período Secundario (unos 130 millones de años, según se consigna en el letrero adosado) puestos en pie hace veinte años atrás, que impresiona verlos: parecen troncos secos desde no hace mucho. Toda una curiosidad, ciertamente, digna de apreciar.

....

- Ya ves: era Gerardo, tu hermano.

- Nos emocionó escuchar su voz desde el contestador telefónico, lo que fue posible gracias a la gentileza del Padre Bernardo. Son esos pequeños gestos que uno espera encontrar en lugares como estos, donde Tu presencia se siente o se presiente en cada piedra puesta sobre otra, en cada melodía que ondea en lo alto de la bóveda siete veces al día.

También nos fue grata la invitación del Padre José Luis a recorrer junto a unos amigos suyos –una vez más, para mi regocijo- la biblioteca, conocer la Cámara Santa en donde, según la tradición, falleció santo Domingo, la actual Sala Capitular, los muros románicos del primer monasterio...

- Son signos de la expresión actual de la caridad fraterna, que es "la consumación de todas las virtudes", en palabras de san Doroteo de Gaza.

Incluso nos enseñó uno de los moldes con los que el Padre Andrés Azcárate, primer Abad de San Benito de Buenos Aires, quiso reproducir el claustro silense en esa abadía, en el entonces ubicada en el barrio de Belgrano de la capital argentina.

-En este día Tu Iglesia conmemoró la fiesta del Inmaculado Corazón de María. Con ello se hace docencia sobre la cercanía entre el corazón de la Santísima Virgen y el Tuyo traspasado por el fuego de la Pasión, la fiesta del Sagrado Corazón que celebramos ayer. Así pues, en María, Madre y hermana modelo, la Santa Misa nos encontró hoy por la mañana suplicándote por mi familia, tal como hacemos siempre frente a Tu Presencia eucarística, y por nuestra pequeñez misérrima, allí en el centro de esta liturgia tan acendrada.

Y pensando la manera de poder reproducir estos esplendores en la vida parroquial montevideana, lo que nos resulta de extrema complejidad por razones de índole diversa.

BENEDICAMUS DOMINO[33]

Domingo 16:

SI la modernidad sembró en el hombre la semilla del descreimiento, la postmodernidad hoy lo hace presente en el universo cotidiano. Asistir, como hoy, a una Misa con iglesia completamente colmada, constituye para el cristiano una experiencia fuerte de vida eclesial, un *sentire cum Ecclesia*[34] que refuerza los lazos en Ti; y para el neófito es un verdadero acontecimiento por lo infrecuente de ver a esta altura de la historia, cuando la religión parece ser el dinero, los templos las casas bancarias, y Philip Kotler un *pontifex maximus*[35] pródigo en prescripciones para acceder a la "divinidad" de una forma rápida y segura.

- A propósito, hoy participamos junto a José Manuel y Antonio de la última de las charlas ofrecidas por el Padre Moisés a un grupo de empresarios que se encontraba de retiro sobre el tema "Cristo y la *New age*".

- Un tema interesante, en este mundo que ha entronizado el concepto *one-way*, que de eso se trata. En efecto, los bienes de consumo, las relaciones de pareja y hasta la religión se presentan aquí como artículos *desechables*. Claro que este movimiento que celebra la sedicente "nueva era" tiene como mira encubierta y no tanto la mismísima fe cristiana. Estos usurpadores de mente y corazones, magos del engaño, son pregoneros de un Dios alternativo hecho a medida de cada cual, escapando de un cristianismo que en todo momento interpela a la conciencia, en lugar de adormecerla, sin ser una clase de moral sino desprendiendo una moral. Se trata de una forma de religión *à la carte* que prescinde de la horizontalidad, de la comunidad, del prójimo, precisamente lo que es el lado visible de la religión, en este momento en el que las sociedades se disocian y el hombre en la selva de cemento se siente cada vez más solo.

- Un nuevo sincretismo que abre fuego sobre la teología dogmática del cristianismo, por considerar que constituye un brete para las almas, aunque se es cuidadoso a la hora de celebrar –y justificar- fiestas paganas como *hallowen*, por ejemplo.

- O inmiscuirse orondamente -si puedo agregar- en la comprensión de Tu naturaleza y razones. ¡Querer comprenderte… *vanitas vanitatum!*[36]

- Terminada la disertación, tuvimos finalmente el esperado encuentro con el Padre Abad Clemente Serna[37] y con el Padre José Luis Angulo, con quienes platicamos de modo distendido y fraterno.
- Así es. Con el director de coro intercambiamos comentarios sobre el éxito de las grabaciones gregorianas que se hicieron famosas, conversamos de las voces ausentes y de las presentes, de los nuevos proyectos discográficos, de las dificultades de conciliar el recibimiento de cuantos desde entonces llegan a Silos, venidos de todos los puntos cardinales, con el estilo de vida de la comunidad.

Estamos despidiéndonos de Silos, Maestro, y también de España, donde nació la lengua con la que nos expresamos. Nos vamos despidiendo del silencio de esta espaciosa habitación, de la encantadora capilla de la hospedería en la que nos recogíamos frecuentemente ante Tu mirada, de los claustros, de la iglesia, del ciprés como flecha orientada a lo Alto, "enhiesto surtidor de sombra y sueño" al decir de Gerardo Diego, pero sobre todo nos vamos despidiendo de esta comunidad de hermanos que constituyen el alma misma de esta casa.

Cuando mañana partamos de aquí, tras las Vigilias, rumbo a Burgos, y de allí a París, todo este escenario va a pertenecer a ese incierto universo del recuerdo, del pasado, casi de los sueños.

- Arrebatados como por un dejo de nostalgia te cuesta aceptar esta perspectiva. Aunque sé que por encima de todo, quisieras poder estar nuevamente junto a los tuyos, en casa...

- Bien lo sabes, bien me sabes, Maestro mío. Es ese sentimiento vidrioso que suele acompañar las despedidas que hace sentirme acongojado: por la partida en sí misma, y también por carecer de palabras adecuadas para decirte cuanto quisiera. Es entonces desde los oficios silenses, la alabanza litúrgica que amorosamente celebran día a día estos hijos de san Benito a Tu inmensa gloria, que acierto en expresarte, tomando prestadas las palabras que los cierran: Te bendigo, Señor, Te doy gracias, Señor.

Capítulo IV
París

RUMBO A PARÍS

Lunes 17:

Urgos, Miranda de Ebro, Vitoria, Alsasua, San Sebastián, Irún y una vez más nos encontramos en contacto con el mar, en feliz contemplación a través de la ventanilla del tren, de ese embravecido espectáculo vasto, gris, metálico, tal como se nos presentaba hace un rato el rugiente Golfo de Vizcaya, en la frontera entre España y Francia.

-Y después el trasbordo en Hendaya, donde trepamos el TGV.

-Trepamos: Tú lo has dicho, Maestro. Las corridas de último momento en la *gare* donde el castellano felizmente para la circunstancia de premura, junto al vasco, es otra de las lenguas de uso, aceleró los trámites y las pulsaciones. Minutos después estábamos deslizándonos por los rieles de Francia rumbo a París, como en medio de una escena repetidamente soñada o visualizada desde hace largos años. Recuerdo cuando nos tentaban con venir a Europa a fin de proseguir estudios musicales, pero no a Francia sino a la antigua Checoslovaquia. Eran los tiempos en que las naciones latinoamericanas tenían unos cuantos derechos licenciados, despojo y vergüenza compartida tras una década de plomo - estribaciones de la Guerra Fría- que alteró la vida de aquel país de la "penillanura suavemente ondulada". En esa penosa coyuntura, nosotros íbamos a recibir una beca del gobierno de aquel país de más allá de la Cortina de Hierro...

- Viniendo de una Patria en donde "naides es más que nadies" como decía un gaucho, siempre creímos que hay tres derechos inalienables a la condición humana: el derecho a la vida, a la libertad y a la propiedad, y que no hay totalitarismo que no los tome por asalto de una forma o de otra.

- La verdad es que en todos los momentos de grandes decisiones de mi vida, allí has estado Tú, presencia viva, palpable, quemante muchas veces, para señalarnos el mejor camino. Henos aquí ahora en lo que es un testimonio irrevocable de que seguirte es el Camino, y que ese Camino no es sino el Bien con las mayúsculas del atributo divino.

Saliendo de Hendaya hemos recorrido Aquitania, región que en el anterior cambio de milenio fue un importante centro de copiado de manuscritos gregorianos, pasando por Biarrtiz, Bayonne, Bordeaux, Libourne, Angoulême, Poitiers, y después el Val-de-Loire, célebre por sus castillos -se cuentan allí más de mil-, aunque desde el tren no se puede descubrir ninguna de sus sugestivas siluetas.

....

A una *grande vitesse* que el confort hace imperceptible, el paisaje sigue deslizándose frente a nuestros ojos, verde, poblados, ganados, vehículos de campo, y cuando queramos acordar, París dejará de estar en nuestro imaginario para ser el paisaje urbano cada vez más densificado, entrando junto a la noche por las ventanillas del tren, y recibiéndonos como quisiéramos que alguien lo hiciera a nuestra llegada a la *Gare* Montparnasse. La cantidad de direcciones y teléfonos de uruguayos que nos proporcionó Silvia Villagrán[38] y mi madre, y la perspectiva de llegar –lo reconozco: sin preverlo- a una hora inapropiada como para golpear las puertas de un monasterio benedictino, nos van haciendo tomar conciencia que acaso pasaremos la noche en la estación de trenes a la espera de la aurora, junto a nuestro equipaje y nuestro agotamiento. Me descanso en Ti, respiro profundamente si ésta es Tu voluntad, y reclinándome en el asiento, digo con el salmista: Tú eres mi roca, *illuminatio mea et salus mea, quem timebo?*[39]

UN PEREGRINO
EN SAINTE-MARIE DE PARÍS

Martes 18:

*P*Rimer día en París. Primer día en esta Abadía de Sainte-Marie. Acabamos de concluir el Oficio de Completas con su vibrante *Salve Regina* frente a la imagen de *Notre-Dame*, el *angelus* luego y la aspersión con el agua bendita, en la silenciosa y recogida penumbra de los cirios. Bendito seas, porque me haces protagonista de estas cosas, en este sueño real de romero infatigable. Sabes que tras el impacto que supuso Silos, su ambiente y liturgia, no esperaba vivir aún estas sencillas experiencias de oración en este pequeño monasterio parisino.

-Es esa inabarcable riqueza de la Iglesia *unam, sanctam, catholicam et apostolicam*,[40] hijo; la unicidad de la *Ecclesia* que no le quita un ápice de universalidad, tan vasta como es la misma raza de hombres. Así, en la Orden de San Benito, el Abad gobierna conforme a las particularidades de su rebaño y del lugar, y cada familia monástica adquiere por tanto características únicas. Aquí estás pues, confirmando y testimoniando en estas líneas la tradicional hospitalidad benedictina.

- Fundación solesmense, consta el monasterio de Sainte-Marie de dos cuerpos claramente diferenciados en el estilo, por la época de su construcción. Su iglesia abacial es austera, con su coro y su órgano de tubos, frente al cual se sienta en estos días una joven a fin de estudiar una pieza de Bach.

La iglesia da a una galería cerrada, en donde se encuentra la antes referida imagen de Nuestra Señora, llamada Virgen del Claustro, una delicada talla en piedra del siglo XIV. No es un claustro de típica forma cuadrangular, sino que está como recostado a un jardín importante, con salida a la calle. Allí los monjes en los recreos pasean por sus verdores, disfrutando de esos momentos de caridad fraterna, que es la culminación de todas las virtudes.

En cuanto a la liturgia que tiene lugar en esta casa, de una particular exquisitez en su intimidad, nos hace recordar ciertas palabras de Pieter van der Meer de Walcheren. Se refería a la liturgia como una forma elevada de arte, por cuanto éste procede de Dios y reside –decía- en el corazón de la vida.

- Lo recordamos, de entre las tantas y tan ricas reflexiones de su *Dagboek (Diario,* en español) que tanto disfrutamos años atrás.

- Hoy por la tarde, luego de comunicarnos telefónicamente con nuestra esposa, nos encontrábamos paseando por este elegante distrito 16 en el extremo oeste de París donde se emplaza el monasterio de Sainte-Marie desde hace más de cien años. Así, desde la rue de la Source recorrimos la rue d'Auteuil hasta la animada Place d'Auteuil, con su antiguo obelisco, su entrada de metro *art nouveau* diseñada por Guimard, su neorrománica iglesia de Notre-Dame de Auteuil; la rue La Fontaine, la espaciosa avenue Mozart, desde una de cuyas cabinas hablamos con Montevideo.

Meditábamos acerca de lo asombroso que es poder hablar por teléfono mediando 11.000 km de distancia, un hecho hoy tan integrado a la vida como la rueda, la escritura o los palillos para la ropa. Y me venían a la memoria los tiempos en que no cesábamos de preguntarnos acerca de la razón por la que decidiste sacarnos de la arcilla en estos tiempos tan complejos.

- Aquella inmovilizadora añoranza de tu adolescencia por épocas de mayor estabilidad. También entonces te preguntabas por la razón de todo; desde el por qué el cuadrado de los catetos da el cuadrado de la hipotenusa, o quién tuvo la feliz ocurrencia de hacer mover las torres en filas o columnas y no en diagonal, como los alfiles -que en inglés se dice *bishop* (obispo) y en francés se dice *fou* (loco), ya que trascienden la linealidad de las cosas. Y hubieras deseado que te instale en una de esas épocas lejanas, cuando el cómo prevalecía al cuánto y la medida humana a la de las máquinas.

Pero ahora, cuando son las 22,38 h, recogerse al descanso nocturno es, en esta segunda noche francesa lo más apropiado que puedes hacer. Dejarse al reposo en este tiempo tuyo, con la certidumbre de los afectos de tu familia y amigos, don inestimable, y que nuestra marcha se desarrolla mejor a como algún día pudiste haberlo imaginado. Que tengas, hijo mío, una noche tranquila, una noche santa.

BRILLOS PARISINOS

Miércoles 19:

ES un hecho irrebatible por encima de opiniones que si hay un símbolo que represente París, éste es la Tour Eiffel, de lo que las agencias de viaje y los medios de comunicación masiva se ocuparon de posicionar como tal. No es para menos: artefacto ineludible para quien pisa las calles de la antigua Lutecia, la famosa torre se erige imponente a lo alto como la obra humana más alta de su tiempo -hasta que se completó el Chrysler Building neoyorkino-, y hoy como el conjunto de fierros más fotografiado de la historia.

- Cuesta no verla; sus 300 m del suelo se divisan casi desde cualquier parte. Ayer por la mañana, cuando nos dirigíamos en metro hasta la estación Jasmin, nos impactó descubrirla por primera vez entre los edificios de techo de pizarra y chimeneas de ladrillo, los que a su lado quedan a escala de maqueta.

- Sí, la célebre construcción de Gustave Eiffel es en verdad una obra de ingeniería admirable. ¡Cómo no habrá sido la impresión que causó en 1889 cuando su inauguración, si aun a los ojos de un hombre de este otro fin de siglo sigue pareciendo gigantesca! Adefesio metálico para muchos, "una torre vertiginosamente ridícula" llamada a "aplastar en la humillación" a la arquitectura parisina, se recuerda a quienes predicaban con el ejemplo como Verlaine, quien se dice hacía un rodeo para evitar verla... Lo cierto es que, foráneos de todos esos debates, hoy por la mañana ascendimos a su segundo nivel, desde el cual pudimos disfrutar de las vistas más soberbias de la *Ville Lumière*, con sus edificios y monumentos característicos.

Y por la tarde, bajo una lluvia pertinaz, nos encontrábamos en las puertas del Museo del Louvre.
- Otra larga fila a hacer frente a la pirámide de cristal diseñada por Pei -otra polémica construcción-, pero ¿cómo no asistir a este *rendez-vous* que se impone por sí mismo por el solo hecho de estar en Paris y sumarse al mundo de turistas que nos rodeaban? Turistas venidos del Oriente, de los Estados Unidos y de otras naciones del orbe...

- Contemplábamos ese palacio enorme, residencia de los reyes de Francia hasta que Luis XIV decide trasladar su corte a Versalles; y en esos actos transcurrieron lluvia y minutos, antes de ingresar al museo e incorporar en fin las obras maestras que allí se conservan y exponen a nuestra corta percepción. Obras de las que nadie en su sano juicio podría bosquejar una lista, sin cometer tan solo un acto de injusticia. Mi corta memoria, Señor, me lleva apenas a mencionarte aquí aquellos artistas que hoy especialmente impactaron mis retinas de manera singular: El Greco, Fra Angelico, Da Vinci, Vermeer, Géricault o Delacroix. Concitó también nuestra atención la obra de Jacques-Louis David, gigantografía neoclásica formalmente incuestionable al servicio del *Empereur.* Su "Coronación de Napoleón" muestra el estado de situación en aquel momento: sintiéndose legítimo heredero de Pipino y Carlomagno, tras coronarse a sí mismo, Napoleón I coloca la corona a su esposa Josefina de Beauharnais, a la vista de un resignado Pío VII que le da su bendición... Lo que pocos saben es que al analizar la obra se comprueba que su centro es la Santa Cruz, lo que no es casual en la consideración del tema de la tela: la consagración (a Dios) del emperador Napoleón I, a quien se le debe -entre otras conquistas- el restablecimiento del cristianismo en Francia tras la Revolución.

Impacta la pintura francesa como en verdad toda la colección de pintura europea por lo vasta y completa: abarca del 1400 al 1900.

Esta colección tiene su origen según se sabe en aquella iniciada por Francisco I, quien en el siglo XVI adquirió muchas obras entre las cuales la archifamosa "Mona Lisa" –casi la "dueña de casa" del Louvre por la abundancia de señalizaciones que conducen a ella desde cualquier punto. Pero aún está la escultura griega, la imponente "Victoria de Samotracia" o la "Venus de Milo", la escultura romana, el hierático arte egipcio… No en vano es el museo más visitado a lo largo del año.

- Dejamos el Louvre atravesando la Cour Carrée. El sonido melodioso de una flauta solitaria contribuía al esplendor de su arquitectura. El Sena, *fleuve joyeux*, nos esperaba a la salida, río tan estrechamente unido a París no solo por sus numerosos puentes; su encanto venido del espejo de sus aguas refleja sí, una ciudad que es toda ella un espectáculo, realmente una fiesta.

- Ciudad de gentes enamoradas de su ciudad, hay que reconocer que es extremadamente sencillo enamorarse de París. Y creo yo que si Balzac,

Alfred de Musset o Victor Hugo, solo por citar algunos, se refieren a ella con palabras de exaltación, al punto de afirmar este último en *Les misérables* que "París es la cúpula del género humano", si hay en estas líneas un exceso de pasión, también hay una razón movilizadora de la misma.

- No hay fuego sin llama, y los brillos parisinos vaya si no han dado lumbre a la peripecia humana a lo largo de la historia.

- Resplandor que queda como engarzado en su ciudad, sus monumentos, su arquitectura, museos e iglesias, en sus perfumes y colores.

TOTUS TUUS, MARIA[41]

Jueves 20:

Otre-Dame: una impresión indescriptible poder adentrarnos en este monumento del arte, la religión y del espíritu; inmenso gozo de poder introducirme en las páginas de esta soberbia Biblia esculpida. Pero sólo la fe que no la ciencia, justifica este tipo de construcciones. Porque solo la fe puede sacar de la materia prima de la tierra este prodigio de luz y de piedra.

Detrás de las mallas plásticas y los andamios de los restauradores de fachadas, elementos que se repiten en este continente monumental, esta catedral nos impresionó por su noble sobriedad y por sus magníficos *vitraux* que bañan la piedra gótica de tonos variopintos. Los rosetones de enorme diámetro, y en especial el de la fachada norte, de cristales originales casi en su totalidad, centran el asunto en María, Ave y no Eva, por quien se hizo posible el cumplimiento de cuanto fue anunciado por los profetas para la Salvación del género humano: Tu maravillosa Encarnación, la nueva Creación, el nuevo orden basado en el amor. Precisamente, en la fachada opuesta, sobre el Pórtico de Saint-Etienne, en el centro del rosetón sur se observa Tu Rostro, abundante en púrpuras y morados, como contemplando el de nuestra Madre de la vidriera norte y hasta la misma imagen de Notre-Dame de París ubicada a la derecha del crucero, que da nombre a la Catedral; una delicada figura de la Virgen coronada con el Niño proveniente del siglo XIV, aunque recién instalada allí a mediados del siglo pasado...

Nos dimos tiempo para admirar cada detalle de este majestuoso testigo de la fe, iniciado bajo el reinado de Luis VII: el conjunto escultórico de la fachada principal, los tres magníficos pórticos, la llamada Galería de los Reyes, las torres truncas, la afilada aguja agregada por Viollet-le-Duc. Apreciamos la *Pietà* de Coustou en medio de Luis XIII y Luis XIV, padre e hijo, quien hizo una promesa a la Virgen y quien la cumplió setenta años más tarde en la consagración del reino de Francia a María, respectivamente; nos impresionó la sillería de espectaculares bajorrelieves, el friso, el museo y cuanto contiene, incluyendo -como todo museo religioso que se precie de tal- un

Graduale[42] gregoriano abierto, y hete aquí que lo estaba en el ofertorio *Ave Maria* con sus neumas envolventes como el incienso:

-Afuera la Île de la Cité, corazón histórico de la ciudad, nos aguardaba. Nos aguardaba el altivo Carlomagno, más allá la sólida Conciergerie, último hogar de María Antonieta y de tantos otros desafortunados; ese enorme relicario gótico que es la Sainte-Chapelle, el Pont Neuf, el más antiguo de París pese a su nombre. Y su mercado de flores y pájaros, una vez más el Sena y sus muelles, los *bouquinistes* y más gentes, imágenes repetidas de clásicas postales convertidas ahora en parte del archivo de tu memoria...

-Y cuando se descuelga lentamente la noche sobre París, caemos en la cuenta de estar prácticamente en la mitad del nuestro camino. Conscientes del regalo del Cielo que supone estar aquí, frente a esta estampa de Santa María del Perpetuo Socorro que nos obsequió el Padre Segundo en Santiago, seguimos agradeciendo, como hoy por la tarde en la Catedral a Nuestra Señora, en tanto le ofrecemos estos afectos a su Inmaculado Corazón, como un hijo confidencia en la intimidad del hogar con su madre buena.

ESCALANDO MONTMARTRE

Viernes 21:

Ra media mañana cuando estábamos entrando al túnel que conduce al centro de la *Etoile,* donde el famoso Arco de Triunfo. Es bien sabido que pese a haber sido concebido por Bonaparte -o Buonaparte, tal como era antiguamente su apellido genovés- para la gloria de su *Grande Armée,* Napoleón I nunca pudo verlo concluido. Hubo que esperar quince años a su deceso para que Luis Felipe, el último de los reyes franceses, completara esta monumental obra. Se trata de un edificio de 50 m de altura, con altorrelieves y bajorrelieves que exaltan las campañas napoleónicas desde Aboukir sobre los turcos, a Austerlitz contra rusos y austríacos. "Gloria" desde luego, ay, como la entiende el mundo, es decir normalmente edificada sobre cadáveres propios y ajenos. En este caso, se cuidó de no olvidar los nombres de quienes materialmente la hicieron posible.

- De ahí que se pueda leer en su interior, iluminada por la llama de la Tumba del Soldado Desconocido, la lista de seiscientos generales entre los cuales Charles-Armand Guilleminot,[43] repetida anécdota de familia, cuando se habla de tus ancestros franceses.

- A mi madre, que se dice francesa -aunque nacida en Paysandú, ciudad del litoral oeste uruguayo que nos es particularmente entrañable- esta historia le llena de orgullo, lo que Gerardo y mi padre[44] toman con humor o indiferencia. En cuanto a nosotros, no podemos más que complacernos de los honores del célebre personaje, quien dedicó su vida a *la grandeur* de esta nación, en tiempos de guerra y en tiempos de paz.

La glamorosa Avenue des Champs Elysées nos ganó enseguida.

- Es una avenida que deslumbra por las tiendas de marcas famosas, los coches caros, la gente elegante, los suntuosos edificios que se levantan a sus costados.

- ¿Qué no deslumbra en París?, nos preguntábamos hoy mientras alcanzábamos a distinguir a lo lejos la Grande Arche de La Défense -deliberadamente hecha para albergar dentro de sí la mismísima Catedral de Notre-

Dame-, otro de los *grands travaux* de la era Mitterrand. Luego, tras el Sena por el Puente Alejandro III, enseguida nos encontrábamos frente a Les Invalides con su Hôtel de interminable fachada, su patio de armas y su colección de cañones que constituían para el Rey Sol la *ultima ratio regnorum*,[45] con la catedral de Saint-Louis des Invalides, de luminosa belleza bajo innumerables banderas, y su Dôme bajo el cual descansa el *Empereur*.

-Pero nuestro interés mayor hoy era escalar la *Butte*, el monte de los mártires, Montmartre, en el distrito 18.

- Fue dejar la estación Abesses, y enseguida nos cautivó el ambiente de artistas del otro fin de siglo, con la ciudad recostada a nuestros pies.

- Subiendo desde la estación, atravesamos la Place du Tertre, llena de colores y pintores que hacen paisajes y retratan visitantes por algunos billetes, hasta que al fin tuvimos frente a nosotros la espectacular Basílica del Sacré-Coeur, con su neorrománico-bizantino en piedra Château-Landon.

- Se nos impuso su aspecto majestuoso, su entorno enjardinado entre las escalinatas, donde algunos jóvenes con sus guitarras ponían el sonido ambiente de época (de esta época) y entrando, bajo la mirada en heroico bronce de santa Juana de Arco y san Luis IX, el más grande fulgor: Tu Presencia sacramental expuesta desde 1885 a la adoración perpetua, frente a la que platicamos y rogamos por nuestros seres queridos. Pensábamos que un lugar regado con la sangre de los primeros mártires de París y visitado por tantos santos y santas, desde san Bernardo, san Ignacio de Loyola, san Francisco Javier, santa Teresita del Niño de Jesús, papas, cardenales, obispos y sacerdotes, multitud de fieles, donde Tú habitas, en fin, en la misteriosa intimidad del Tabernáculo, no puede ser otra cosa que un lugar santo único en esta tierra de hombres.

- Por si fuera poco, había aquí un enorme monasterio benedictino femenino, Saint-Pierre de Montmartre, fundado por Luis VI y su esposa, del que sólo se conserva su iglesia.

- Impactante entre todo el conjunto arquitectural y escultórico del Sacré-Coeur es el gigantesco mosaico del coro -uno de los más grandes del mundo- obra espléndida de Olivier Merson en donde resplandeces resucitado, brazos extendidos dejando ver Tu Sagrado Corazón frente a adoradores venidos de los cinco continentes, santos y pontífices, san Miguel, santa María Virgen, santa Juana de Arco. Incluso se ve representada la misma Francia y a León XIII, quienes ofrecen su corona y el mundo, respectivamente, habida cuenta que fue este último quien consagró el género humano al Sagrado Corazón, aún no hace de esto un siglo.

La buena nueva de hoy vino de parte del Padre hospedero dom Paul Debout,[46] quien antes de cenar, nos hizo saber que podremos permanecer un día más aquí, por lo que nos será posible visitar Chartres mañana, y el domingo estar en Solesmes antes del mediodía, bendito Seas.

VISITA A CHARTRES

Sábado 22:

EN Sainte-Marie se cumple puntualmente lo prescrito en el Capítulo 53 de la *Regla* de san Benito: *aquam in manibus abbas hospitibus est.*[47] Así, el primer día de nuestra llegada, antes de entrar al refectorio, el Prior tras darnos la bienvenida, derramó agua en nuestras manos, como signo de servicial humildad. Es éste un rito tradicional del benedictinismo no siempre seguido en las comunidades monásticas, pero no ha de sorprendernos: cada comunidad es una casa, y cada casa es un mundo, como nos enseñaban nuestros padres. La *Regla* se adecua pues a tiempos y lugares, y por esto mismo es maestra de sabiduría siempre vigente, lo que explica la transversalidad del monaquismo a lo largo de toda la historia de la Iglesia, constituyéndose en "uno de los pocos textos verdaderamente básicos sobre los que se asienta la espiritualidad del Occidente cristiano", en palabras de García M. Colombás.

Pues bien, Maestro: aquí estamos en este claustro vacío, cuando se extingue en las sombras nuestra quinta jornada en Francia, "hija primogénita de la Iglesia" desde el bautismo de Clodoveo, hace justamente 1500 años. Aquí estamos en esta tierra bendecida por una pléyade de santos y santas de Dios, patria de mártires y de misioneros, sede apostólica en los tiempos tumultuosos de Avignon, nación elegida innumerables veces por la santísima Virgen para transmitir Tu mensaje y la certidumbre de Tu amparo. Nación, en fin, signada con la enorme "M": desde Lourdes a Pontmain; desde Pontmain a Pellevoisin; desde Pellevoisin a la rue du Bac parisina; desde París a La Sallette.

- No ha de extrañar pues que esté desde siempre regada de iglesias bajo su advocación, o que haya a proximidad de París lugares escogidos, como el santuario de Nuestra Señora de Chartres, la famosa catedral en la cercana llanura de Beauce a la que hoy nos dirigimos.

- Aunque no se trató más que de un contacto brevísimo, pero aun así pudimos verla y admirarla, enhiesta sobre un promontorio en medio de la ciudad, tal como la esperanza de un pueblo creyente se levanta desde el fondo del corazón hacia lo alto. Y esto fue así desde siempre por cuanto este lugar es considerado sagrado ya desde el tiempo de los galos. ¡Cuánto le hubiera gustado a Aurora estar aquí! Apreciar el baño de colores que llegan de sus ciento setenta y cinco vitrales, casi todos originales; sus agujas desiguales y su arquitectura grandiosa; apreciar el famoso laberinto con un Teseo en lucha con el Minotauro -ya ambos desaparecidos-, frente al cual no dejamos de sonreir viendo a los turistas recorrer su marcha; o el Pórtico Real de tres entradas, en donde en la central se Te ve en la Gloria rodeado por los cuatro evangelistas y los apóstoles; apreciar, en fin, una a una la rica estatuaria de las otras entradas, en donde no faltan Pitágoras, Aristóteles y la misma Música, todo lo cual acariciamos con nuestra mirada con goce de corazón.

Pensábamos que así como *Notre-Dame de Sous-Terre*, una Virgen Negra que se veneró aquí durante toda la Edad Media, luego destruida por los revolucionarios y hoy nuevamente ofrecida a los fieles a partir de una reconstrucción confeccionada según documentos de época, tal vez la reconstrucción hubiese sido la suerte de todo el edificio, de no haber intervenido un militar estadounidense llamado Welborn Griffith, quien en agosto de 1944 y en acto de desobediencia, tras constatar que en su interior no se refugiaban efectivos alemanes, hizo sonar las campanas para evitar el desastre. No fue el caso de la Biblioteca Municipal destruida por un voraz incendio tras los bombardeos acaecidos en la ciudad tres meses antes, en donde se perdieron importantes documentos incluyendo el códice Chartres 47, un precioso manuscrito gregoriano del siglo X que pervive gracias a haber sido fotografiado por la Abadía de Solesmes.

Solesmes… Hacia allí partiremos mañana, desde Montparnasse.

- Deberemos comunicarnos telefónicamente con dom Jean Claire, a fin de hacerle saber que llegaremos después del almuerzo y no antes,

como inicialmente habíamos previsto, desconociendo los horarios de trenes. Considera ahora que mañana nos habremos de trasladar, y que además deseamos participar de las Vigilias.
- Tienes razón. Por eso, por intercesión de María, imploro Tu bendición y protección. Y lo hago valiéndome de esta hermosa oración que rezábamos durante el rosario por el claustro nuevo o la quinta de Silos; jaculatoria que se ha de repetir tras la meditación de cada uno de sus tres misterios:

María, Madre de gracia y de misericordia,
defiéndenos del enemigo
y ampáranos ahora y a la hora de nuestra muerte.

Amén.

Capítulo V

Solesmes

ENCUENTRO CON SOLESMES

Domingo 23:

Olesmes, sí, Solesmes; henos aquí, y qué difícil nos resulta reconocernos en esta realidad. Difícil resulta verme en este sitio tan señalado, yo y mi circunstancia, cuando muchas veces el camino se nos hace empinado y la tentación de la desesperanza -que es la peor de todas- parece ganarnos.

- Y sin embargo, aquí estamos: es éste, absolutamente, un hito en nuestro viaje. ¿Acaso en el camino de la Cruz, no me resultó necesario enjugarme el rostro?

- Mi espíritu se alegra en Ti. En verdad, ya fue impactante la manera en que se nos recibió a nuestra llegada de París: con propiedad, podríamos decir que ese matrimonio de viejitos nos fueron a esperar a la Estación de Sablé-sur-Sarthe, sensibles a nuestro indisimulable aspecto de forasteros, para trasladarnos luego hasta el cercano pueblo de Solesmes, en tanto hablábamos del Río de la Plata, del Uruguay y la Argentina, y hasta de "La Cumparsita", ese otro himno nacional. Allí, en las mismísimas puertas del monasterio nos dejaron, gentiles hasta el último minuto, hospitalidad bien conocida de este país y de su gente. Enseguida nos sumergimos en la oración litúrgica, por la coincidencia de nuestra llegada con el oficio de Nona, tras lo cual se nos sirvió el almuerzo, pese a que largamente había pasado la hora de comer -otra muestra de *les bonnes manières* francesas-, junto a otras dos cartas de Montevideo.

Tras esa otra alegría de saber que los nuestros están bien en aquel lejano borde del mundo, la larga entrevista que mantuvimos con dom Jean Claire, el director del coro de monjes,[48] fue también un regalo del Cielo. Debo decir aquí que es al él a quien debo agradecer mi presencia en este monasterio, que fue él quien generosamente me invitó a pasar unos días en Solesmes y conocer un poco más de su vida de oración.

Las campanas, único instrumento que suena desde el cielo y para el Cielo, han fundido en el silencio los tres últimos Ave Maria del *angelus*. La noche impuso su denso manto de sombra y es cuando evoco el sonido de este coro maravilloso, evoco la pureza que trasunta su gregoriano sublime, me emociona su recuerdo o las ya pequeñas grandes atenciones recibidas antes mencionadas. Sentados en esta habitación de la hospedería solesmense tengo la sensación a medida que se desarrollan las etapas de nuestro itinerario, que el lenguaje de las palabras me va quedando corto, para referirme a tantos acontecimientos vividos desde los ojos, los oídos y el corazón. Y una vez más constato que la observancia del espíritu y de la letra de la *Regla* se encarna pues en la acción, como debiera encarnarse en todo momento el Evangelio, para que no sea tanto Palabra leída como Palabra vivida: *omnes supervenientes hospites tamquam Christus suscipiantur*[49]...

- Del mismo modo habrás de ser recibido cuando golpees las puertas del Reino de los Cielos y aun mucho más, porque seré Yo mismo quien te habrá de recibir.

AD GLORIAM DEI
EST ATQUE SANCTIFICATIO FIDELIUM[50]

Lunes 24:

Ejos ya de nuestra soleada habitación de la abadía parisina a la que llaman significativamente La Source, seguramente no solo por la calle a donde mira; lejos ya de ese monasterio, de la comunidad que le da vida y de su plegaria cantada de espíritu espontáneo; lejos ya de París y sus brillos, nos encontramos pues en el centro gregoriano por definición, Señor y Dios mío: decir Solesmes casi es decir hoy, canto gregoriano.

Privilegiados por esta *conversatio morum*,[51] conversión de costumbres que hace a la naturaleza misma de la vida monástica, nos sentimos aquí como el navegante de mares agitados en la acogedora tranquilidad de una apacible bahía portuaria, siguiendo la imagen de san Gregorio; respiramos profundamente la *pax* benedictina y desde esta habitación del 1° piso de la hospedería nos regocijamos con el verde, los pinos, las enredaderas, los árboles y los pájaros también presentes en las grabaciones, cuando acompañan a la comunidad de hermanos en el *angelus,* contribuyendo al paisaje sonoro de su plegaria vigorosa...

Previo al almuerzo en el enorme refectorio, fuimos invitados por el Padre hospedero dom Jacques de Préville a un sitio próximo llamado el *lavatorium,* donde tuvo lugar justamente el rito del lavatorio de manos con el que se nos recibió oficialmente. Entonces, fuimos presentados al Prior en ausencia del Padre Abad, a quien conocimos en Silos y al parecer aún sigue en viaje. Luego se nos ofreció un lugar en el centro del refectorio, lo cual como se sabe, también es de tradición: ese es el lugar de los huéspedes, desde siempre agregados a la vida familiar de la casa y formando parte verdaderamente de ésta, como los ancianos, los niños, los enfermos. Por lo mismo, también en una mesa en el medio del refectorio, nos ubicábamos en La Source.

- Lo recordamos ya con simpática afección; por su aspecto, acaso como podemos recordar el comedor de la casa de nuestros mayores, bordeado de mayólicas e invadido por los destellos dorados de una tarde de estío, con sus muebles de madera oscura y su reloj de péndulo dividiendo el silencio; la cálida atmósfera hogareña de un domingo de tiempos lejanos al que retornamos en el recuerdo una y otra vez, cuando las dificultades nos desbordan.

- En cuanto al refectorio solesmense, es gigantesco, con sus dos naves bañadas de la luz que se cuela tras los grandes vitrales y sus cinco potentes columnas de austero granito, todo ello presidido -como en Sainte-Marie de París- por un Cristo en la Cruz de dimensiones respetables, colgado tras la mesa del Abad.

- Y a un costado, el ambón desde donde el lector cumple su servicio, en tanto tienen lugar las refecciones, porque *mensis fratrum lectio deesse non debet*.[52]

- Día a día, aquí y allá en los almuerzos y en las cenas, la fórmula *ad laudem Domini nostri Iesu Christi. Amen*[53] da principio a lecturas edificantes, de contenido histórico, eclesiológico, patrístico. Me viene a la memoria ahora, una que escuchamos en Paris referida a la Revolución de Octubre y los sucesos vinculados a Anastasia Romanov, de quien siempre se dijo que sobrevivió a la masacre de la familia imperial rusa.

Y si como en Silos, participábamos en La Source de todas las horas canónicas cantando junto a la comunidad -inclusive sentado en el coro, durante las Vigilias-, eso aquí en Solesmes no es posible:

está dispuesto que los huéspedes sigan los oficios y misas en silencio.

- Debemos reconocer que es la medida más apropiada.

- ¿Es que hay algo que agregar a este canto único? ¿A este baño de luz sutil, casi angélico, envolvente pero nunca embriagador? Maravilla viva, patrimonio de la cristiandad como pocos, el gregoriano de Solesmes conmueve y remueve a la vez, edifica en la belleza y en la verdad, habida cuenta que su objeto es *ad gloriam Dei est atque sanctificatio fidelium*. Sin hablar del testimonio de vida de quienes lo elevan al Cielo, que en sus melodías se oculta, haciéndolas auténticas al mil por mil.

- Lo constatamos en todo momento. Esta mañana, por ejemplo, departíamos en la tienda que está a un costado de la románica puerta de acceso al monasterio, con dom Jacques-Marie Guilmard,[54] uno de los connotados gregorianistas de la comunidad, quien nos obsequió con su tiempo, al tiempo que nos facilitaba un ejemplar de *Les amis de Solesmes* que incluye un artículo propio y otros dos de *Gregoriana*, revista publicada por el prestigioso Chœur grégorien de Paris.[55]

- Hoy fue la solemnidad de san Juan Bautista, Tu Precursor en este lado del mundo, gozne entre la antigua y la nueva Alianza, el profeta más grande nacido de mujer.

- Para el universo de la música es bien sabido que su nombre está indisolublemente unido a un himno muy conocido desde la Edad Media del que se sirvió el monje Guido d'Arezzo para ponerle nombre a las notas musicales:[56]

-Estar aquí por primera vez en esta fecha, ¿es una coincidencia más o un signo para leer? Después de tantos años de navegar en el gregoriano, de intentar el ascenso de algunos peldaños a través de éste, estas experiencias constituyen un inmerecido culmen, otro pretexto para cantarte *Deo gratias.*[57]

EN EL *ATELIER*
DE PALEOGRAFÍA MUSICAL

Martes 25:

Oda misteriosa del universo de la realidad con el de la fantasía, entorno inasequible en donde todo puede ser posible, donde desde antiguo Te haces escuchar o donde a veces gritamos nuestro ser más atávico, los sueños mueven el mundo, tanto como el amor. Y concretarlos supone normalmente un fugaz momento de choque emotivo en el cual uno parece encontrarse como inmerso en un viaje onírico sacado del imaginario de Lewis Carroll o de Akira Kurosawa, provocando la impresión lejana de ver como a través de un cristal a un *alter ego* que alcanza esa cima anhelada. Hasta que después caemos en la cuenta, es decir, en nosotros mismos.

Si este itinerario que nos tenías preparado, Maestro mío, tenía como objeto este viaje interior por la música que Te has hecho escribir y cantar desde el fondo de la historia, haber visitado hoy por la mañana el *atelier* de paleografía musical que fundara dom André Mocquereau, el padre de la paleografía musical, esto es, desde donde se restauró el canto gregoriano, constituye un ejemplo de lo que venía diciendo.

No habían pasado más que unos instantes de la terminación de la Misa cuando, a esos efectos y como habíamos acordado, nos encontramos con dom Claire en la puerta de la iglesia. Enseguida, en tanto conversábamos tan fluidamente como mi francés me lo permite con este monje de decir sereno y mirada apacible, nos vimos bordeando un claustro pequeño y barroco dicho el claustro "maurista", precedido por el busto de dom Guéranger, hacia donde da el *Atelier*. Luego, ya en su interior, no fue sino la admiración; admiración por la labor titánica desarrollada por los investigadores solesmenses, desde dom Jausions a dom Pothier, de dom Mocquereau a dom Gajard, es decir, el predecesor de dom Claire en la dirección del coro de monjes. Echamos una mirada sobre algunos fragmentos de códices de los siglos XII y XIII (¡los tuvimos en nuestras manos!), nos impresionó el ambiente de estudio que se respira en el lugar, en medio de centenares de manuscritos de la Misa y el Oficio que allí se custodian, debidamente conservados, clasificados, protegidos.

-Tuviste frente a tus retinas los famosos *tableaux* que hicieron posible el estudio comparado de las fuentes originales y de esta manera, la recuperación de las melodías, promediando el siglo pasado, y que dejan en evidencia las artes de esos monjes, su ciencia y aun la técnica puesta al servicio del salvataje de las melodías tal como se cantarían hace mil docientos años.

- La metodología científica con que esto tiene lugar está explicitada en una conocida inscripción que domina el lugar, bajo el retrato de dom Mocquereau:

"Investigar el pensamiento de nuestros padres,
borrarnos ante la interpretación auténtica,
someter humildemente nuestro juicio artístico a los suyos,
es lo que demandan a la vez
el amor que debemos tener por la tradición entera
tanto melódica como rítmica,
y el respeto por una forma de arte perfecta en su género".

En definitiva, es ese programa y no el emanado de ninguna advenediza ideología, el que ha de regir los pasos del restaurador, tanto para una adecuada restitución melódica, como para una ejecución conveniente.

Pero ahora, tras una ducha reparadora, lo mejor para nosotros será retirarnos al descanso, para no volver a llegar tarde a las Vigilias, pues no quisiera ser aquel de quien refiere la *Regla* cuando dice: *quod si quis in nocturnis vigiliis post gloriam psalmi nonagesimi quarti, quem propter hoc omnino subtrahendo et morose volumus dici, ocurrerit, non stet in ordine suo in choro, sed ultimus omnium stet aut in loco quem talibus neglegentibus seorsum constituerit abbas, ut videantur ab ipso vel ab omnibus.*[58]

ÁNGELES, SIEMPRE ÁNGELES

Miércoles 26:

As nubes que se deshacen allá arriba bajo el gigantesco edificio romano-gótico que desde casi un siglo escruta el río Sarthe, el verde silencioso de los jardines de la hospedería y la nostalgia por nuestra Aurora a quien sentimos inaprensible y volátil como esas nubes, presencia en la ausencia tras un abismo oceánico ancho y profundo... Siempre esta nostalgia de un esposo alejado de su amada, hermana mía, que me robó el corazón con su mirada, con una vuelta de su collar más de seis años atrás, cuando le impartía clases en la Asociación de Estudiantes y Profesionales Católicos montevideana y ella me respondía con su timidez sin mácula. Y yo después no supe responderle como siempre se merece, como ella me sabe responder en la dicha y en las dificultades inherentes a la existencia humana; y después crecimos y seguimos creciendo en la gracia sacramental del matrimonio cristiano. En estos tiempos cada vez más refractarios a los compromisos a largo término, al matrimonio como institución celular de la sociedad y a los valores tradicionales teniendo a la religión como la estrella Polar en el firmamento, iniciar y perseverar en una unión conyugal con quien uno ama constituye una verdadera obra de la gracia, una bendición que no conoce de límites.

- Los senderos de la nostalgia en los laberintos de la memoria, esa poblada biblioteca sin espacio, pareciera inducirnos a evocaciones que se articulan unas a otras como las cuentas de un rosario.

- Y pensábamos, Señor, que así como fue mi esposa con su aliento a toda prueba quien me trajo hasta aquí, también el largo Camino que dejamos atrás, romeros incansables. Entre las brumas del recuerdo de cuantos se cruzaron en él, me viene ahora el recuerdo del Padre Carlos Schnapp, sacerdote palotino que fuera mi primer confesor cuando mi retorno al seno de la comunidad eclesial, hace ya varios años. Me parece verlo aconsejándonos acerca de decisiones importantes para nuestro universo afectivo antes que religioso, pero que eran un obstáculo para lo religioso, por cuanto lo religioso también es afectivo. Sí; lo recuerdo como un nuevo santo Cura de Ars, ya en el ocaso de su vida, con su saco negro y su camisa sin alzacuello, mirada perdida en sabes Tú qué cavilaciones, sentado en el confesionario de la iglesia parroquial de los Santos Apóstoles esperando a sus penitentes domingo a domingo, antes de la Misa; lo recuerdo cuando nos recibió, y el impacto que significó Tu absolución. O cuando Rosa, una joven salteña que acompañaba entonces los cantos con su guitarra, nos invitó a integrarnos a algún grupo de jóvenes, lo que hicimos al poco tiempo y sin dudarlo en aquella Semana Santa, santa y lejana. Cuánto camino recorrido desde el entonces, Señor mío, siempre acompañado y como seguido de cerca por Tus santos ángeles. Como el tutor que abracé un día a aquel árbol que amenazaba torcerse frente a la puerta de casa, la verdad es que has puesto personas de carne y hueso que fueron parte indispensable de este camino y siempre, en la peregrinación de nuestra vida. Así pues, junto a mi esposa, mis padres y hermano, mi abuela y madrina,[59] mis amigos. O la legión de ángeles, los de hoy y los de ayer, tanto como los jóvenes y ancianos que nos reciben en los aeropuertos, en las estaciones de trenes, en todo lugar: Arteaga, quien hasta que no se aseguró que nos instalábamos en un hostal madrileño no se apartó de nosotros; François, aquel funcionario de la Estación Montparnasse que nos reservó a nuestro nombre una plaza en el albergue de la UNESCO donde pasamos nuestra primera noche en París; el anciano que parecía nos estaba esperando en la Estación de Burgos para cargar nuestra valija y acompañarnos hasta las puertas de la Facultad de Teología; el matrimonio que nos dejó en la Place Dom Guéranger, frente al acceso principal de esta abadía. En verdad, todos los cristianos sabemos a pie juntillas que Te apresuras a cumplir la promesa del salmo que cada noche rezamos durante las Completas: *quoniam angelis suis mandavit de te ut custodiam te in omnibus viis tuis*.[60]

- Claro que cuando llegues a Montevideo y hagas referencia a tus allegados de estas geometrías sutiles, no habrán de faltar quienes reduzcan estos episodios al ámbito siempre incierto de lo casual, desvinculado de ángeles o cualquier otra especulación metafísica.

- Quienes sostienen que ciencia y creencia son antónimos irreconciliables, ¡cuando una distingue la realidad desde la experiencia, y la otra desde la intuición! "El propósito del Espíritu Santo en la Biblia es enseñarnos cómo se va al Cielo, y no cómo va el cielo", recordaba Galileo.

- El problema es que hurgar en la mecánica de las cosas lleva inevitablemente a toda negación. En un mundo crecientemente nihilista, las "verdades" de

142

la ciencia terminan por sacarme, porque resulto molesto. Dios, la trascendencia de la materia, la azarosa materia y ¿qué queda? Nada. Solo los mortales, navegando en las aguas de la nada sobre un barco de papel.

- Tampoco faltan los testimonios de quienes viven formalmente alejados de la religión, aunque como perfectos católicos en su manera de vivir, lo que se ha dado en llamar "cristianismo cultural"; prueba contundente de que los valores evangélicos subyacen en la cultura y en nuestra sociedad, aunque ésta se sacuda desde sus raíces, queriendo despojarse de todo aquello que escapa del instrumental electrónico o informático. Y si quedan sus valores, queda allí una suerte de *encarnación* del Evangelio, la certeza de que, si somos mejores aquí, mayor es Tu gloria y alabanza por los siglos.

EL TÚMULO DE GUÉRANGER

Jueves 27:

Os días pasan y la impresión y emoción que suscita Solesmes en mi corazón no mengua ni se extingue, y es así como seguimos levantando vuelo con su gregoriano único a cargo de ese casi centenar de voces, entre profesos y novicios.

- Nunca oímos nada igual.

- Nunca. Estas melodías por estas voces hasta parecen hacer superflua toda otra música escrita por el hombre. A mí mismo, quien a la sombra de Bruckner quería ser otro "trovador de Dios" que elevase a Ti tus alabanzas en góticas sinfonías para orquesta, confieso que me dejan con esa sensación. Sí, hasta lo que se escucha en los discos solesmenses es pequeña cosa. Y se entiende, por cuanto en la espiritualidad benedictina *nihil operi Dei praeponatur*,[61] lo que debiera ser tomado como paradigma por la Iglesia donde quiera que se encuentre: celebrar es la forma cristiana del verbo amar.

Frente al túmulo de dom Prosper Guéranger oramos hoy tras descender a la cripta, en donde se encuentra. Meditábamos acerca de los designios misteriosos que enlazan la trayectoria de vida a los nombres propios, por los cuales Tú llamas a Tus hijos sobre las pilas del agua de vida. Así san Benito, "bendito por la gracia y por el nombre" como rezamos en su letanía, y así este preclaro monje sacerdote de nombre Prosper, próspero como pocos en la construcción de la Iglesia y de la Orden, condición de su santidad. En efecto, dom Guéranger, quien fuera el primer Abad de Solesmes a partir de 1837, cuando Saint-Pierre es erigido en abadía, es reconocido como el restaurador del monasterio, de la congregación benedictina francesa, pero también de la liturgia romana y del gregoriano. Y mucho más: su genio teológico evidenciado en obras monumentales como *L'année liturgique*, llevó al Cardinal Pitra a decir de él que fue el teólogo "que comprendió la Iglesia mejor que nadie". Un maestro, en fin, cuya alegría espiritual era un verdadero modelo de vida cristiana. "¡Sean un aleluya de la cabeza a los pies!" exhortaba a su comunidad y nos exhorta aún hoy, cuando tantas veces nos abruman las dificultades de toda suerte, y parece que nuestra barca zozobra en el mar de la desolación. Es la alegría de Tu presencia, la alegría del cristiano de no sentirse nunca solo.

- El encuentro con uno mismo, lleva a mi encuentro: ¿dónde estás, hombre, cuando no estás contigo? Por todo ello pues, y porque las obras y la fe se corresponden, consolidando unas a las otras en la caridad, es que dom Guéranger es venerado aquí como un verdadero santo, al cual visitan los hermanos sin faltar un día tras las Completas.

- Lo he observado. También se veneran aquí algunas reliquias de san Benito o quizás de su hermana santa Escolástica, sin mencionar la más importante: una Espina de Tu Corona, testimonio y símbolo de Tu Pasión liberadora, representada en el centro del blasón de la abadía, sobre el recuerdo de las armas de Sablé y de la Abadía de la Coutûre. Se expone a la veneración de los fieles los lunes de Pascua, según nos informamos.

-Solesmes no es ajeno pues a esa tradición de reliquias que atañe a todos los monasterios de la Edad Media, cuando aquellas hacían al prestigio de los lugares santos y obsesionaban a reyes y abades que pagaban verdaderas fortunas para adquirirlas.

- Muchos podrán lícitamente preguntar acerca de la autenticidad de las mismas. En este caso, si esta Santa Espina laceró efectivamente Tu divina frente, tomando contacto con la Sangre preciosa con que redimiste al género humano de la perpetua enemistad de Dios.

- Es el conflicto entre la memoria de la historia y la historicidad que desgraciadamente genera tanta confusión. De ese modo, empeñados en querer cuantificarlo todo, en la búsqueda del acercamiento de la Historia Sagrada al *hodie* de los hombres, cuántos olvidan precisamente que ese *hodie*, ese hoy que es la temporalidad, es una dimensión humana; que anchura, longitud, altura y profundidad son inherentes al universo tangible.

- Y que Tu amor y Tu naturaleza, que es decir lo mismo según la definición juanina, "excede todo conocimiento" según la enseñanza paulina; una lección de permanente actualidad en este tiempo de superhombres, de nóbeles y *records* de la índole más variada.

EL CIELO EN LA TIERRA

Viernes 28:

*A*yer fuimos a Sablé, guiados por las indicaciones que prestamente dibujó dom Guilmard para nosotros. Nos era ya necesario reservar el pasaje a Roma para este domingo, por cuanto nos informamos telefónicamente que el cursillo de canto gregoriano al que asistiremos en esa ciudad comienza el martes 2 de julio.

Atravezada por el Sarthe, con su castillo, sus calles angostas y animadas y la gloria de haber visto nacer allí a Prosper Guéranger, Sablé-sur-Sarthe es una aglomeración urbana pequeña y simpática. Mientras recorríamos bajo el resplandeciente verano esos 3 km que la separan de la abadía, nos dejábamos ganar por la armoniosa sucesión de viviendas grandes y pequeñas, todas primorosas y precedidas de esos jardines que hacen al patrimonio de este país de estetas. Nos dejábamos ganar por los colores, perfumes, por la brisa fresca que esclarecía mi rostro como una caricia femenina, y tomábamos conciencia que esa

148

marcha no era sino parte de esta *hesychia*[62] intencionalmente buscada y asumida desde que nos hicimos al Camino.

- Y ya lo sabes: entrar en el ritmo de la oración, hace que todo se haga oración y termine por resonancia en esa misma dinámica.

- Así desde la Misa, en marcha a y desde Sablé, pero también luego, paseando ya por el pueblo de Solesmes o por el jardín de la hospedería, como hoy por la tarde, cuando traspasamos en fin la breve verja a efectos de visitar las tumbas del cementerio, donde se leen los nombres de generaciones de monjes constructores de lo más reciente de la historia del benedictinismo europeo.[63]

Precisamente, encontrarme sobre los restos de tales personalidades que conocíamos hasta ahora solo por los libros no dejó de ser un momento particularmente emotivo. Pensaba en la divisa "Ciencia y la fe" de la Asociación de Estudiantes y Profesionales Católicos de Montevideo en donde la Schola Cantorum de Montevideo vio la luz, y hasta qué punto la misma tiene en aquellos su punto de encuentro privilegiado. Pues en el monaquismo, la fe y la razón se hacen explícitos en su misma justificación. Aquí se descubre su conexión sutil, aquí el manido problema de la demarcación entre ciencia y lo que no es parece diluirse, aquí la trinidad humana (espíritu, mente, cuerpo) Te glorifica en la alabanza, en el estudio, en el esfuerzo cotidiano y se hacen formas de santificación, vías de perfección, *instrumenta artis spiritalis*[64] en palabras de san Benito, para hacer de la tierra, el cielo.

Dio cuenta de ello, por ejemplo, la solemne celebración de las Vísperas de san Pedro y san Pablo de la que acabamos de participar sentados próximos a ese conjunto monumental de esculturas de los siglos XV y XVI que se puede admirar en el transepto de la iglesia abacial, los célebres *Saints de Solesmes*. Más concretamente del lado de la Epístola, a escasos metros de la María Magdalena que contempla el Cristo yacente –una imagen tan magistral, que uno espera ver salir en cualquier momento lágrimas de sus ojos– participamos sí, con sumo agrado, de estas celebraciones preparatorias de la fiesta patronal de la abadía.

- Y ahora, gratificados con esta plegaria cantada exultante y recogida, el reparador descanso precederá las Vigilias.

- Participar de las mismas en jornada tan señalada para la Iglesia universal y para esta comunidad en particular *dignum et iustum est*.[65]

FIESTA DE SAN PEDRO
EN SAINT-PIERRE DE SOLESMES

Sábado 29:

Mira si no son deliciosas estas imágenes benedictinas tomadas de un inmenso tapiz expuesto en el refectorio de los huéspedes:

Obra de dom Georges Saget de innegable buen gusto, este tapiz narra la vida de san Benito según la única biografía –si es que cabe llamarla así– escrita en su época por san Gregorio I, precisamente el Papa bajo cuyo patronazgo se encuentra el canto sagrado de los cristianos, por ello llamado *gregoriano*.

- Tan virtuosa fue su vida, tan perfecto fue su camino de ascesis, superando paso a paso las diversas tentaciones con que el antiguo enemigo quiso seducirlo, que san Gregorio le dedicó uno de los cuatro libros que conforman sus *Diálogos*. Por cierto, también se relatan allí muchos hechos prodigiosos.

- Los milagros a los que muchos, incluso entre Tus fieles, se resisten a aceptar, Maestro mío. Una vez, hablando de ellos, oí a un obispo afirmar que el milagro más grande ha sido Tu gloriosa Resurrección y la transubstanciación del Pan y el Vino: cuando nuestro Pan y nuestro Vino se hacen Tu verdadero Cuerpo y Tu verdadera Sangre en el altar de nuestras iglesias. ¡*Magnum mysterium*[66] este prodigio, tan central en nuestra fe, que es el centro mismo del cristianismo desafiando nuestros sentidos! Y sin embargo, aún hay quienes tienen necesidad de hechos extraordinarios; como si Tú los precisaras para instalarte en el corazón de los hombres. Es como si Hollywood, la "referencia cultural" del hombre común, hubiera permeado todos los aspectos de la vida y así, están los que Te piden *signos* para creer, como santo Tomás. Hollywood anuncia pues como ninguna otra cosa esa cultura o "civilización del espectáculo"[67] a la que es fácil acceder hoy desde los cines o incluso los videoclubes, para luego reproducir la magia en casa, cómodamente instalados en sillones mullidos comiendo comida chatarra. ¿Qué más? Todo es o se hace espectáculo. Hasta las guerras, transmitidas en directo para la televisión. Y yo digo, ¿no es acaso un espectáculo único la contemplación de un paisaje espléndido, contemplar montañas imponentes, un valle de sierras ondulantes recorriendo el verdor apacible, la caída del sol al encuentro de un mar de verano? Me resulta gracioso ver los turistas en Casapueblo o en La Paloma, lugares únicos de la costa uruguaya, aplaudiendo todas las tardes tras este espectáculo. ¿Saludamos al sol como los pueblos paganos de los tiempos antiguos o es a Ti, el Pintor de esas pinceladas, a quien se aplaude? La vida misma es un milagro, la que tenemos delante de nuestros ojos y no vemos. Y es un milagro el perpetuo retorno a lo sagrado que se realiza en el altar de Tu Iglesia y que nos recuerda que somos Tus hijos, y que llevamos el don de la vida en cada uno de los latidos de nuestro corazón.

- Pero para que ese milagro pueda producirse, debe haber un sacerdocio ministerial. Para repetir el milagro, son necesarios los obispos, quienes suceden a los Doce que quedaron bajo mis pies, y sus colaboradores, los sacerdotes, los que "hacen lo sagrado", tal como enseña la etimología. Tal como ocurrió hoy aquí, en esta fiesta de san Pedro y san Pablo.

- Precisamente, Señor, en eso pensábamos al contemplar a estos hijos de san Benito entrando a la iglesia con tanta solemnidad.

- Lo sagrado entraña el misterio que hace florecer el milagro. Y son ellos, los sacerdotes, no importa quiénes ni cuáles, los que lo posibilitan en un gesto de perpetua acción de gracias del hombre justo a Dios omnipotente.

LA MÚSICA DEL SILENCIO

Domingo 30:

Ltimo día en Solesmes, y una vez más sobreviene la tristeza de toda partida; querer aprehender al detalle cada lugar o el detalle de cada lugar para llevarlo consigo. Así, acaso imbuidos de ese espíritu observábamos en la entrada del jardín de la hospedería, es decir, a escasos metros de mi ventana, lo apropiado de ese monje de piedra que invita al visitante al silencio, tan connatural a este desierto monástico como a cualquier otro.

\- Para el benedictino es parte fundamental de su vida consagrada.

\- Es que, sin este silencio no habría dialogo con el Creador, ni luego tampoco canto litúrgico. Y no tanto con relación a aquella reflexión de Boecio: "quien llega al fondo de sí mismo sabe lo que es la música," como a la música del silencio; es el *Audi Israel*, la *Šemá* de la piedad judía, lectura ésta que resuena en el Oficio de Completas de los sábados del Tiempo Ordinario.

- Precisamente hijo, ese "escuchar" al que invita san Benito en su *Regla,* no puede sino nacer del silencio contemplativo y justamente constituye una de las claves para concebir en su justo tono y espiritualidad las melodías del repertorio gregoriano. Sin embargo, sabes que este silencio del que emerge el gregoriano no es privativo de monjes o monjas. En efecto, desde san Crodegango este canto se relaciona al clero secular y a los técnicos de la *schola cantorum,* y la verdad es que hoy su universalidad trasciende claustros, doctrinas y confesiones.

- Aunque claro está, el conocimiento masivo no deja de asociarlo a quienes fueran los principales artífices de su restauración, o a una época pretérita. Esto explica el suceso de las cinco conferencias que en agosto de 1976 ofreció aquí dom Jacques Hourlier a un grupo de jóvenes enamorados del canto gregoriano.

- El rico contenido de las mismas emanado de un saber vivo y engarzado en la experiencia de oración de toda una vida, fue recogido en el libro *Entretiens sur la spiritualité du chant grégorien*. En él, enseñanza, oración y vida, son presentadas como características intrínsecas al gregoriano, acaso relacionadas con las que había enunciado san Pío X en su *motu proprio* de 1903: su bondad de formas, su santidad y su pobreza.

-Pero, además –leemos- dom Hourlier afirma que el gregoriano "expresa una lectura de la Escritura y los Padres hecha por la tradición de la Iglesia", constituyéndose así en "un lugar teológico que extrae del texto cantado una significación propia", un lugar propicio para que el hombre o la mujer de fe puedan cantar la Palabra, devolviéndola, por así decirlo, hecha música. ¿Y no hace este carácter cíclico de la liturgia cristiana, desde el Adviento a la Pascua, su trabajo de renovación de la vida de quien lo practica con la adecuada disposición? ¡Si hasta los musicoterapeutas que relacionan a Mozart o Albinoni con acontecimientos hepáticos o estomacales, han descubierto estas inusitadas bondades gregorianas! Así, el otorrinolaringólogo francés Alfred Tomatis llegó a afirmar que el canto gregoriano "no sana, sino salva", yendo con esta fórmula más lejos que Thomas Merton, para quien el gregoriano "es bueno y cura", meciéndonos en la paz y en el recogimiento "donde encontramos a Dios".

- Si concebimos la estética musical como la ciencia de lo bello aplicado al arte de los sonidos, si el canto gregoriano es un arte vocal y si queremos aproximarnos a la estética gregoriana, debiéramos pues analizar la clase de belleza de esta música vocal, una clase de música de la *belleza* por definición, reconociendo a nuestro Padre como el bien y la belleza supremos.

- Y si la música como el arte todo, abreva en la naturaleza, y ésta se expresa en el silencio en tanto devenir armonioso y constante de la vida y de las cosas, concluimos que el silencio como *vox Dei* es el instrumento específico de este canto religioso, camino espiritual para expresarse en un tono de despojamiento a la Belleza inmarcesible que orienta, dignifica y transfigura. Llamado del silencio que no deja de resultarnos saludable, cuando los paisajes sonoros de las grandes ciudades son domeñados por la polución.

Capítulo VI

Roma

O ROMA NOBILIS

Lunes 1 de julio:

Osotros en Roma, ¡quién diría! Que nuestra andadura nos haya traído finalmente hasta aquí, la *caput mundi* en tiempos de los césares, desde donde se gobernó un día el universo conocido, desde donde los papas rigen los destinos de Tu Iglesia desde tantos siglos.

Roma es la Ciudad Santa no tanto en su aspecto más material como por ser signo de la Jerusalén Celeste. En efecto, puede decirse que está a medio camino entre la Jerusalén histórica y la Jerusalén Celeste, la Ciudad de Dios hacia la cual converge la historia. Para más precisiones, estamos en el Instituto Pontificio de Música Sacra (el PIMS, como se le llama) que antes fue la Abadía San Girolamo in Città, instalados en la espaciosa habitación que se nos tenía reservada frente a un parque arbolado poblado de grillos tras el cual se deja sentir el sonido sordo de los vehículos deslizándose por la Via Gregorio VII. Pues sí: los supradichos ortópteros, el tránsito lejano y hasta este adusto retrato que tengo frente a mis ojos del sacerdote y músico tirolés Ignaz Mitterer, parece que nos van a hacer compañía en lo que resta de nuestra romería, Maestro mío.

- O debieras decir, del tramo romano de nuestra romería que iniciáramos a media mañana, cuando llegamos a la Stazione Termini desde París, tras un largo viaje en un vagón-cama compartido con una simpática familia francesa. Así atravesamos la Borgoña de tus ancestros, y luego los Alpes, todo lo cual la noche y tu agotamiento físico te impidió apreciar.

-En cambio, entrando a la Urbe, lo que sí nos cautivó enseguida fueron sus tonos terracota y sus ocres tan distintos a los grises y azules parisinos; y después la impactante imagen de San Pedro del Vaticano, la "Catedral de la humanidad", la elíptica *piazza* y su obelisco egipcio, mudo testigo de la muerte de san Pedro...

Decir Roma en cristiano es decir la Santa Sede donde el Papa y su Corte en otros tiempos, y es decir también la ciudad de los primeros mártires de la fe, quienes por Ti dieron su vida. Es entonces, en ese doble aspecto, una ciudad purpurada. Los justos la han regado con su sangre, y sus reliquias son las piedras de fundamento de las iglesias; sobre todo san Pedro y san Pablo, las columnas de Tu Iglesia viva, Tus testigos: el filoso gladio de la Verdad abrió para siempre las puertas del Cielo, y ese misterio trasciende razas y pueblos.

-Pues recuperada la dignidad de criaturas de Dios, todos los hombres están llamados a recibir mi Reino en herencia.

- Ese es precisamente el mensaje de los santos, amigos Tuyos y de los hombres: que Tu amor bien vale la pena, que vives en el aquí y en el ahora, y que esta certidumbre es fruto de la experiencia desde el don de la fe. Testigos que conducen a Tu amor, los santos nos acompañan siempre a ambos lados de las naves de las iglesias pero sobre todo en nuestra marcha hacia Ti. ¿Hay acaso -Tu pedagogía- amor más grande que dar la vida por quienes se ama?

- Mañana empezaremos el cursillo de verano que ofrecerá el Prof. Nino Albarosa, catedrático de gregoriano aquí en el PIMS.

- Es con esta feliz expectativa, que entonamos Señor mío, como los peregrinos en tiempos antiguos, el cántico triunfal:

O Roma nobilis, orbis et domina,

CUADERNO DE CLASE

Miércoles 3:

*F*In del curso de semiología gregoriana: fueron dieciséis horas que nos acercaron a lo más reciente de la investigación en la materia. Una lección magistral de ciencia sagrada que dejó en evidencia la solvencia del Prof. Albarosa, de precisión quirúrgica en su docencia y de expansiva y franca cordialidad, que es una característica típicamente italiana. Incluso ya se nos entregó el diploma convenientemente firmado -como de rigor en todo documento académico destinado a ser colgado solemnemente tras de un vidrio- por él mismo, por el Prefecto de Estudios Prof. Federico Del Sordo y el Presidente del Instituto Monseñor Valentín Miserachs Grau, un sacerdote músico de origen español, ¡aún cuando no hemos hecho efectivo el pago ni del curso ni de nuestra estadía aquí en el PIMS!
- Es la primera vez que se dicta este seminario de canto gregoriano, incluido en un ciclo de ocho

denominado *Estate al Pontificio Istituto di Musica Sacra di Roma, seminari di approfondimento e di avviamento: luglio e setiembre 1996 (3ª. edizione)*: las dos ediciones anteriores no habían incluido esta área de estudio, y por ende nos cupo ser de los primeros matriculados, junto a estas dos agradables compañeras que tuviste, la pianista Bernadette y Sor Sara, religiosa franciscana. Es evidente que al atractivo del tema y contenidos, se le sumaba el del responsable del seminario, es decir el Prof. Albarosa, asimismo director del reputado coro femenino *"Mediae Aetatis Sodalicium"*, y alumno y sucesor aquí de dom Eugène Cardine, justamente considerado el padre de la semiología gregoriana.

\- Dom Claire y dom Guilmard se referían del Prof. Albarosa siempre con palabras de ponderación. Y personalmente debo decir que fue un honor haberme beneficiado de su docencia.

Por lo demás, los días transcurren aquí muy apacibles, en esa paz fecundante que, lo hemos comprobado a lo largo de nuestra marcha, es la que se vive en estas casas benedictinas. En verdad, no hemos salido de la habitación -antigua celda monástica- más que para la *prima colazione*, para procurarnos las demás comidas del día, las clases o para asistir a las misas que tienen lugar a las 7,30 h; misas que celebra sin cantarlas -excepto el Sanctus y el Agnus Dei en gregoriano- el Padre Maurizio Verde,[69] un joven fraile franciscano a su vez responsable de la hospedería del *Collegio*. En fin, el lugar es inmensamente agradable, tanto por su iglesia sencilla y luminosa, con su altar bajo un baldaquín que invita a los fieles congregados con las palabras del salmista: *"Venite, exsultemus Domino"*[70] y su potente órgano "Balbiani"; afuera por el claustro, un claustro lleno de verde enmarcando una fuente cantarina; aquí y allá los retratos de antiguas promociones, tal como en el Seminario de Belvís; o por la tentadora biblioteca en donde pudimos acceder a un *Graduale Triplex* con las anotaciones escritas de puño y letra de dom Cardine…

- Hoy recordamos particularmente a los cantores de la Schola Cantorum. Estamos en vísperas del octavo aniversario de su fundación, desde aquella lejana primera lección en una de las salas del lejano Palacio Urtubey.
- Los recordamos a todos con afecto, cada uno con su historia de vida y de fe desde distintos caminos, pero todos ellos en la feliz convergencia de la oración cantada heredada por la Tradición de la Iglesia. Y siento gratitud hacia ellos porque,

como decía Joubert "enseñar es aprender dos veces", o acaso mil.

Pero sin duda el aprendizaje del que estoy sobre todo agradecido es el recibido de mis mayores; de Fanny Ferrari de Borra, maestra y luego amiga que me enseñó a leer y a escribir; de mis maestros de gregoriano y de la Escuela Municipal de Música de Montevideo; de Eduardo Sábat,[71] el genio creador de la dinarra, quien de manera generosa y amigable nos recibía en su casa de Pocitos los sábados por la tarde, lo que daba lugar a ricos intercambios; el aprendizaje recibido de Jaurès Lamarque Pons[72] el gran compositor quien quitaba tiempo de su corto tiempo restante para expandirse en consejos y enseñanzas como a ningún otro alumno, por cuanto hasta donde sé fui el único a quien honró con su docencia; o en fin, del recibido de ese otro gran artista llamado Diego Legrand,[73] con quien profundizábamos estudios de armonía, instrumentábamos breves ejercicios, tocábamos al piano piezas de Diabelli a cuatro manos o nos sumergíamos en la comprensión del *Mikrokosmos* de Bartók que tanto admiramos, de gamas y concisión inauditas…

La noche ganó Roma; la noche profunda y pontificia que ha vestido de sombras el Instituto Pontificio. Frente a mí, junto al mate ya frío, el pequeño cuaderno que compramos ayer, en donde habremos de registrar esas otras concisiones -los apuntes de clase tomados de Albarosa- desarrolladas cuidadosamente, cosa que haremos desde mañana mismo, pues la memoria es volátil y como es sabido la Urbe puede esperar. Los siglos lo atestiguan.

SAN PEDRO,
O DONDE ESTÁ LA IGLESIA

Domingo 7:

AL observar un ventanal desde fuera de una gran iglesia solo se puede ver una mezcolanza de trozos de cristales desiguales, grises por el polvo y los siglos. Es necesario entrar para admirar el vitral penetrado por la luz y descubrir su belleza, su resplandor y su mensaje. Del mismo modo cuando se está en San Pedro, donde Pedro, frente a su Sucesor, uno termina de entender la Iglesia, comprendiendo su unidad en la variedad; se termina de ver el *totus* de la catolicidad y romanidad que hace a la Iglesia en su más llana definición.

Hoy llegamos a destino, Maestro, en este séptimo día del séptimo mes. En la Basílica de San Pedro, nos recibió el Sucesor de Pedro; lo pudimos ver entre el tumulto y a escasos dos metros impartiendo su bendición, mientras marchaba con su báculo y su mitra; veía la figura de Juan Pablo

II ir desapareciendo, cargando con sus años, lentamente, aunque con esa vitalidad que no termina de asombrar. Al punto tal que, aun tras esa larga celebración junto a una inmensa cantidad de sacerdotes y prelados de la Iglesia ucraniana –que de eso se trataba-, subió a su balcón y tras dirigir algunas palabras a los fieles que le aguardaban en la plaza, rezó con ellos el *angelus* y luego los bendijo. No asombra pues que al Papa Wojtyla las multitudes lo ovacionen, y los medios lo llamen aquí *il atleta di Dio*.

Soy consciente de quienes desde una visión excesivamente humanista ponen en tela de juicio el rol de los Romanos Pontífices en este cambio de siglo, en rechazo a la religión institucional. Pues bien, pasando por encima de los postulados de Charles François Dupuis, quien reducía todos los cultos antiguos a una mitología solar, incluyendo en ellos al cristianismo; olvidándonos de la "Tetera de Rousell", aquella teoria de que hay una tetera de porcelana que orbita alrededor del Sol entre la Tierra y Marte, presentada como evidencia irrefutable contra la religión, un artilugio que no resiste ni los argumentos ontológicos ni los de la primera causa; y dejando en fin, de costado a quienes se enredan en tantas otras especulaciones complejas para negar que Tú eres, es evidente que en el barro de la historia humana es necesario un Camino y quien indique con autoridad debida: "es por allí".

- Pues siendo el cristianismo una religión revelada, alguien debe necesariamente explicar el Libro.

- Pero es que hoy parecería que cuesta aceptarlo. ¿Qué sería de este mundo sin el Libro (o habría que decir "los Libros", habida cuenta de lo que significa precisamente la palabra "biblia")? Libro detractado desde siempre, y aun así ¿a cuál podría compararse? ¿A los de la *New Age* de la cual se refería días atrás el Padre Moisés, esa suerte de "modelo para armar" suprarreligioso, que alegremente se pretende justificar a partir de la certidumbre de la unicidad divina?

La realidad es que la historia del cristianismo se construye sobre los testimonios de fe y la flama de la razón, lo cual constituye otra forma de Tu Encarnación en la realidad cotidiana, prolongacián de Tu presencia y mensaje, allende toda confusa verborragia.

- Y allende el desencanto racional de la modernidad y la postmodernidad, que no contribuye sino a acrecentar la sensación de vacío que vive hoy la comunidad humana.

- Por lo demás, la vida humana se justifica en sí misma por el valor que le es conferida, precisamente, por la Encarnación. Así, el combate de la vida se resume en el combate contra uno mismo y la propia naturaleza. Y quien se tiene a sí mismo, es a Dios a Quien tiene en su corazón, y con ello coadyuva a salvar el mundo.

EL CORAZÓN DEL VATICANO

Miércoles 10:

*H*Oy temprano, tras despachar las últimas postales y cartas, entre las cuales a mi buen amigo el Dr. Gastón Barreiro,[74] volvimos nuestros pasos rumbo al Vaticano. Según se dice, *vaticanus* es el lugar donde el vate canta, que es decir el profeta y el poeta, pues hay en todo poeta un vaticinador, y porque en la belleza de la poesía hay parte de la verdad. Pues bien, en esta Colina Vaticana a la que dedicamos buena parte del día, habita el Obispo de Roma, el Sumo Pontífice, y esto es así porque vivimos en un mundo sensible, y siendo que "lo esencial es invisible a los ojos", es necesario que alguien haga visible lo invisible, que Tu voz en el corazón de Pedro, sea Tu voz en el corazón de todos.

Diminuto Estado –el más pequeño del mundo– independiente desde 1929 por el Tratado de

Letrán, la Ciudad del Vaticano es en efecto, el lugar de residencia de los papas. Desde aquí se han tomado decisiones que han afectado el curso de la historia del mundo conocido. Su basílica, como los palacios papales que albergan los Museos Vaticanos, convocan a personas de todo lugar y confesión, y ciertamente entrar en ella explica la razón.

Habíamos escuchado afirmar que San Pedro es un "monumento a los papas" antes que un monumento a Dios, un argumento falaz que no tiene en cuenta la naturaleza del hombre; que se es cognitivo porque antes se es sensitivo, pues el mundo se conoce en primer lugar por los sentidos. Por tanto, la fe es un don que entraña el afecto antes que la razón, pues el amor está en Tu naturaleza: el Reino de Dios comienza hoy en este mundo.

- Explorando sus metros y metros de belleza sagrada en arquitectura, escultura, pintura y pese a sus dimensiones colosales (son 45 m de altura, 218 m de longitud, once capillas, cuarenta y cinco altares...) el peregrino siente en su corazón la impresión de estar *in domo*, en casa; allí adentro se tiene la certeza que San Pedro del Vaticano es un patrimonio de la Iglesia-Cuerpo místico y de la humanidad toda, por lo que preservar todo ello no es sino un deber sobre todo para con las generaciones que vienen.

- Estábamos contemplando, valiéndonos de una guía de visita escrita por Giovanni Giuliani, el imponente atrio, con sus 71 m de largo y sus estucos y medallones que evocan la construcción de la primera Basílica de Constantino demolida hacia 1506; admiraba el pavimento de los mármoles más hermosos, cuando escucho que detrás de mí alguien me llama desde un pequeño puesto de recepción: era el Padre Giovanni Giuliani en persona, quien se interesó por nuestro lugar de origen y nos dedicó amablemente su *Guía a la Basílica de San Pedro* con el lema franciscano "Paz y bien". Luego hablamos de Monseñor Parteli[75] a quien el Padre Giuliani conocía y recuerda como un activo promotor de los documentos salidos del concilio Vaticano II en la arquidiócesis de Montevideo. Nos corregía: "se dice Párteli y no Parteli", una transposición de acentos que suele ser muy común cuando se pronuncian nombres o palabras en una lengua que no es la materna...

Sí: la Basílica es monumental, por cuanto es efectivamente un monumento a la Verdad y su belleza inmanente. Iniciada bajo Julio II, su construcción duró ciento veinte años y es debida a

Bramante, Rafael, Miguel Ángel, Della Porta, Fontana, Maderno y Bernini. A este último se debe el soberbio baldaquín en bronce con sus cuatro famosas columnas retorcidas decoradas en oro sobre la Tumba del Príncipe de los Apóstoles, inspiradas según se cree en las del Templo de Salomón. El mismo anuncia a los peregrinos con contundencia lo que la antigua inscripción en un muro de la necrópolis vaticana dejara al descubierto para las generaciones futuras: *Petrus est hic* o más precisamente, en griego, *Petros eni.*[76]

Allí, donde la piedra sobre la cual edificaste Tu Iglesia y culminando en fin, nuestra *peregrinatio ad Petri Sedem,*[77] oramos por los nuestros en el mismísimo corazón del Vaticano. Es nuestra propia confesión: "Un solo Dios, un único Cristo, una única Iglesia y Cátedra fundada con la voz del Señor sobre san Pedro", siguiendo la fórmula de san Cipriano.

Sabido es que Roma se lee al revés *amor* en castellano, pero también en lengua latina. San

Pedro fue crucificado al revés de Ti, acaso para
leer en Roma la palabra *amor*, lo cual en definitiva,
de izquierda a derecha o de derecha a izquierda,
es el centro de la fe y el centro de Tu Palabra.

LA CIUDAD ETERNA

Jueves 11:

Aber estado ayer en los Museos Vaticanos, resultado de cuatro siglos de mecenazgo papal, tras bajar con la multitud la espectacular rampa en espiral que le da acceso; haber recorrido las diversas galerías del Palacio Belvedere y sus espaciosos *cortile*; o las soberbias *Stanze* de Rafael, otrora dependencias privadas de Julio II, con sus magníficos frescos pintados a su solicitud; haber podido ingresar en la impresionante Capilla Sixtina, la capilla principal del Palacio Vaticano, en medio de los insistentes *"no, flash!"* de los guardias de seguridad, y admirar el portentoso arte de Miguel Ángel, pero también la obra de Boticelli, Perugino o de los otros artistas que contribuyeron a decorar sus paredes; habernos deleitado frente a Giotto, Caravaggio, frente a la espléndida "Transfiguración" de Rafael, a los anónimos y encantadores "Ángeles músicos", a "Lacoonte" y a una enorme cantidad de piezas de arte griego y romano; haber tenido, en fin, el privilegio de todo ello y muchísimo más con que me obsequiaste, podría haber sido la *cerise sur le gâteau*, como dirían los franceses. Y aun así, cuanto nos deparaba el día de hoy, mi Señor, no fue cosa menor.

- El goce artístico entraña un descubrimiento que no acaba, una revelación que no logra concretarse.

- ¡Vaya si no es así! Tú y yo habíamos dispuesto salir temprano, tanto como nos fuera posible, a fin de volver nuestros pasos al Vaticano, proyecto que efectivamente quisiste que lleváramos a cabo a pesar de la lluvia de la tarde. Fue otra curiosa coincidencia, pues debimos optar por almorzar bajo techo en uno de esos inefables restaurantes de *fast-food* en el preciso momento en que habíamos acordado estar en oración simultánea Aurora y yo, precisamente a las 17 h de aquí que son las 12 h del Uruguay. Así fue que hoy este acuerdo se cumplió escrupulosamente, encontrándonos en esa esquina del Corso Vittorio Emanuele II esquina Chiavari, y ella en una esquina de la calle Chiavari de Montevideo...

Llegados a San Pedro, no pudimos dejar de contemplar nuevamente la conmovedora *Pietá*, esa maravilla protegida tras el cristal luego del atentado a martillazos perpetrado por Lazlo Toth al grito de "¡Yo soy Jesucristo resucitado de los muertos!", una metáfora grotesca del mundo contemporáneo: el hombre que se creee Dios atacando lo que es de Dios.

Bajamos luego y como ya dijimos, a las Sacre Grotte Vaticane, antes de desandar el camino y ascender a la cúpula, obra concebida por Miguel Ángel y ejecutada por Della Porta.

- Se trata "casi una gigantesca tiara de los tres reinos que descuella sobre la tumba de San Pedro", en palabras del Padre Giuliani. Y, levantada a 137 m sobre el cielo romano, hay que reconocer que la vista aérea que se tiene del interior de la Basílica y luego afuera, de la panorámica de la Urbe, es realmente espectacular.

- Lo primero que se distingue desde esa altura es el Borgo, punto de encuentro de la Roma italiana con el Vaticano y lugar donde antiguamente se hospedaban los peregrinos. Hoy sus calles angostas y su ambiente conservan un encanto innegable lleno de historia, lleno de historias.

- Es el caso de *il Passetto*, también conocido como el Corredor Vaticano, un largo pasillo que unía el Vaticano con el Castel Sant'Angelo, sirviendo de rápida vía de escape a papas en peligro. Se cuenta que el Papa Borgia lo usó para escapar de la invasión de Carlos VIII de Francia, y luego también Clemente VII durante el *Sacco* de la ciudad en 1527, cuando fueron masacrados ciento cuarenta y siete de los ciento ochenta y nueve guardias suizos que cubrían su salida.

- La columnata de Bernini, la Via della Conciliazione, el Tíber con su Puente Sant'Angelo, el cilíndrico Castel -que era el Mausoleo de Adriano- y la misma Basílica no constituyen, mi Señor, sino postales vividas acaso imborrables, no en vano tan pintadas y dibujadas en tiempos pasados.

- Ya en marcha por Roma conocimos después el Área Sacra, un conjunto de ruinas de cuatro templos hoy escuetamente denominados *A, B, C* y *D* que parecen ser de los más antiguos de Roma. Detrás de los vestigios de los templos *B* y *C* se han identificado los restos de la Curia de Pompeyo, donde fuera asesinado Julio César, según se dice.

- Y luego la Piazza della Rotonda y el impresionante Panteón, también obra del emperador Adriano, con su bóveda hemisférica y su enorme *oculus*.

Muy cerca de allí está Santa María sopra Minerva. Delante de ella sorprende a los visitantes otro obelisco egipcio sostenido por un insólito elefante de mármol creación del omnipresente Bernini, "el Miguel Ángel de su época", tal como Pablo V le vaticinó, cuando de niño fuera llevado ante su presencia.

De nuevo: Roma resume historia e historias, arte y artistas, ciudad dicha eterna, dicha *aperta;* ciudad hacia la que los garibaldinos avanzaban al grito de *Roma o morte!* cuando Víctor Manuel II se constituyó en el gran artífice de la unificación italiana; el mismo que es honrado en esc monumento grandilocuente chocante por su mármol blanco en un entorno de ocres, conocido por los romanos con el nombre de "máquina de escribir" entre otros apodos descalificantes, y que se llama más bien *Il Vittoriano.*

- Hoy, la Iglesia celebró la Solemnidad de san Benito de Nursia. *Gaudeamus omnes in Domino, diem festum celebrantes sub honore Benedicti abbatis*[78] nos invita el introito de su Misa, por medio de esa magnífica melodía tan repetida a lo largo del *Graduale.*

Con ese gozo y confianza elevamos a él nuestra plegaria implorando su intercesión en el Cielo, a fin de poder completar nuestro Camino con felicidad del corazón. A cuatro días de la partida de Italia y de Europa que lo tiene como su Patrono, sabes además que tienes muchos seres queridos que oran por ti, en la Comunión de la Iglesia, y te esperan ansiosamente.

- Pero sobre todo te tengo a Ti, Señor y Maestro mío, lo cual, junto a mi familia y amigos, aprendo que es tenerlo todo.

FUENTES ROMANAS

Viernes 12:

ROma, la *Urbs*, "cabeza del mundo", cruce y final de todos los caminos, ¿quién puede resistirse a sus encantos? Aquí confluyen multitud de historias y leyendas que involucran multitud de nombres, eventos, momentos. Desde Eneas, el héroe troyano, Rómulo, Remo y la loba nodriza, los siete Reyes, la República y el Imperio de Augusto; desde el *Quattrocento*, cuando por milagro la Urbe floreció de sus ruinas transformándose en centro de los más grandes artistas del Renacimiento y del Barroco hasta *il Resorgimento*, cuando pasó a constituirse en la capital del Reino de Italia y el Papa en un prisionero de su propio palacio... Desde entonces y desde siempre, Roma seduce enseguida al espíritu sensible y si el visitante corresponde a su anfitriona y se deja conducir, revela sus encantos y tesoros únicos de ciudad única, en donde el pasado parece confundirse con el presente a la vuelta de la esquina.

Callejuelas sinuosas con ventanas entreabiertas y alguna ropa tendida de un extremo al otro, colores y olores antiguos, viejas humedades en más viejas iglesias, todas ellas colmadas de santos y de *madonnas* prodigiosos; ocres y rojizos, tejas y los mármoles, las cúpulas, arcadas y capiteles, latines y cruces latinas, antiguos obeliscos y fuentes, las fuentes que parecen encontrarse donde uno gire la cabeza...

- Es la ciudad de las *fontane* más que cualquier otra ciudad, y las hay de todos los tamaños y épocas, resultado muchas de ellas de la restauración de los antiguos acueductos romanos. Unas son para beber y otras son ornamentales y ponen movimiento, belleza y frescor a las tardes, cosa que bien aprovechas en estos días de intenso verano, y así fue desde que llegamos.

- En efecto, la Fuente de las Cuatro Tiaras tras la columnata de San Pedro y luego las de la *piazza* frente a la Basílica, una de las cuales de Maderno, son de las primeras que conocimos; luego la Fuente del Panteón u hoy por la tarde la Fontana di Trevi, escenográfica y famosa, a la cual todos van a visitar y a dejar monedas y el deseo de volver, mientras que alguien recoge lo primero por las noches. Nosotros tan solo preferimos contemplar todo el conjunto, con Neptuno y sus tritones como surgiendo de un arco de triunfo.

-Integrada al Palazzo Poli esta espectacular *fontana*, pese a ser tan parte del paisaje y universo de Roma –de lo cual Fellini y Cinecittá no son ajenos- es relativamente reciente: no se completó hasta 1762.

- Aquí en Europa, la reflexión sobre los límites de la restauración de *lo antiguo* surge espontánea: por qué se cree que la ausencia de pintura o de una indispensable restauración contribuye al "pintoresquismo" de los lugares; o hasta qué punto es válida la consoldación de los monumentos ruinosos; incluso por qué estas ruinas producen una inevitable fascinación desde los *capricci* de Giovanni Pannini a esta parte, y me incluyo. Montevideo pasa por alto estas sutilezas cuando se muestra tan descuidada en el mantenimiento de sus edificios y monumentos históricos al visitante, cosa que parece resultar indiferente a su casi millón y medio de habitantes. Reflexionábamos de esto mismo también en el Parque del Retiro madrileño, observando el monumento a Alfonso XII frente al estanque penosamente grafiteado, lo cual muchos justifican como "arte urbano" y yo preferiría denominar vandalismo *lato sensu*.

Tras cruzarnos sobre el mediodía con la Columna de Marco Aurelio hecha a imitación de aquella de Trajano, una y otra coronadas desde el siglo XVI con las imágenes de san Pablo y de san Pedro, nuestra marcha nos llevó al Anfiteatro Flavio o Coliseo, nombre con que se conoce universalmente este vestigio célebre, al parecer por una enorme escultura en bronce entonces ubicada al costado del mismo.

-Iniciado por Vespasiano y terminado hacia el 96 bajo el emperador Domiciano, esta maravilla de la ingeniería antigua se dice que podía albergar en su interior a más de 50.000 espectadores, los cuales ingresaban gratuitamente -ya que los espectáculos eran financiados por el emperador y ciudadanos acaudalados, *panem et circenses*, al decir de Juvenal- y podían estar protegidos del sol mediante una gran carpa llamada *velarium*. Sus gradas eran de fácil acceso por sus ochenta entradas y sus galerías internas, todo lo cual visitamos y admiramos, aun semidestruido por el tiempo y por quienes antaño usaban el Coliseo como cantera de piedra.

- Lo que empaña el corazón, Maestro, es la consideración del uso y razón mayoritarios de este edificio majestuoso: la diversión del pueblo con la muerte de individuos y animales. Los *via crucis* papales que aquí tienen lugar cada año pretenden justamente exorcizar el dolor de siglos estampado como un callado estigma entre sus bloques de travertino, haciendo memoria de la legión de cristianos que cantando, enrojecieron con su sangre estas tristes arenas, mártires cuyos cuerpos glorificados dan testimonio de la proximidad de Dios con los que más sufren. Sabido es que el sufrimiento, como enseñaba Eckhart, es el más rápido corcel hacia la perfección, y que la Cruz es la fuente de donde finalmente mana todo gozo jamás narrado.

VER POR EL ESPEJO

Sábado 13:

— *F*iesta de san Enrique, tu santo, e imposible negar que haya pasado desapercibida, mi dilecto discípulo. Y esto desde bien temprano, partiendo de la Misa dicha hoy por el Padre Livio Melina, otro de los sacerdotes que celebran prácticamente todos los días en la iglesia de este Instituto delante de las cuatro religiosas que aquí viven y los presentes.

- Desde nuestra llegada tengo la responsabilidad de leer no solo la lectura sino también el salmo y el aleluya de estas misas, un servicio que me es inmensamente grato. Pues hoy justamente, en honor a san Enrique pudimos entonar por vez primera, si no el versículo, la sencilla aclamación de un aleluya alternativo que compusiéramos tiempo atrás para el Día de Difuntos sobre el conocido texto paulino *Videmus nunc per speculum in aenigmate: tunc autem facie ad faciem,*[79] ese texto que tanto le había interesado a Borges:

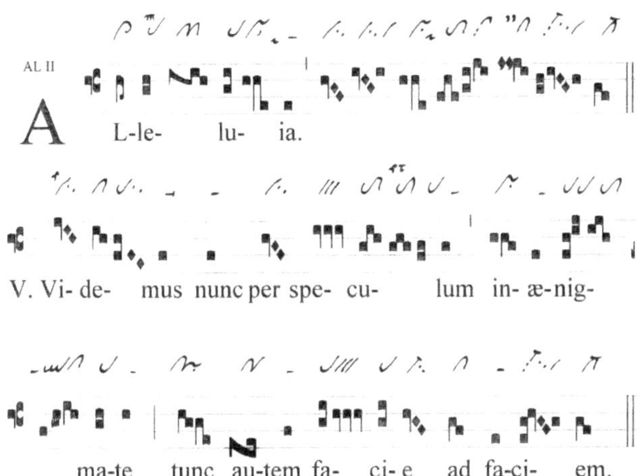

- Pues revisando el texto de tu aleluya, te vas dando cuenta que refracta de alguna forma esta experiencia humana que vamos culminando: en busca de mi Rostro has ido descubriendo el tuyo.

- Y que este camino a la perfección no tiene otro fin que cuando me encuentre *facie ad faciem* con Tu perfección, Señor. Al fin y al cabo, nos creaste a Tu imagen, a imagen de Tu perfección.

El Padre Livio tuvo además la gentileza de proporcionarme hoy un ejemplar dedicado de *Guardare Cristo* del cardenal Joseph Ratzinger[80]. En esta obra se presenta un conjunto de homilías del cardenal, una de las cuales precisamente está dedicada a san Enrique II, Duque de Baviera, Rey de Germania y luego Emperador.

- Allí se refiere a la personalidad y a la vida de este nieto de Carlomagno, cuya excepcionalidad en la causa del bien le valió la corona del Sacro Imperio Romano Germánico de manos de Benedicto VIII, y su canonización por Eugenio III.

- Modelo de virtudes, hábil jinete y diestro en el manejo de las armas, se da cuenta aquí que san Enrique no tenía mayor ambición que llevar la religión a todas las regiones del Imperio que le correspondió tras la muerte de su primo Otón III, por lo que se le conoció como Enrique el Piadoso. Extendió la paz -"en mis dominios debe reinar la paz", decía-, renovó el clero, levantó monasterios e iglesias buscando mejorar la vida de los más desprotegidos, fue amado, en fin, por su pueblo al que gobernó con amor y sabiduría. Lo que se dice un varón virtuoso.

- Y aquí cabría detenerse en la consideración de que "virtud" y "varón" tienen en *vir* la misma raíz latina. Aunque lo extraño pareciera, hijo, que este vocablo "virtud" muchos hoy lo tienen por arcaico, movidos o "formados" acaso por los medios, los cuales parecieran validarlo todo, esta nube o ética basada en su misma ausencia, que afecta todas las relaciones, y no solo las interpersonales.

Así, pues, el término "pecado", su antónimo, si bien con el eco lejano de catecismos aprendidos en tus lejanas épocas de escolar, siempre alinea al individuo en la fila de lo meramente existencial. Y con su ley se "rinde tributo a los sentidos antes que a la razón" como expresa Tomás de Kempis, con la deformación del alma que esto conlleva. Engañosa y fugaz como la imagen de un espejo, los sentidos muestran en efecto, la apariencia de las cosas y no su misma realidad y naturaleza.

- Pensábamos en todo esto de las apariencias hoy en medio del Foro Imperial, un recuerdo apenas en su caótica colección de ruinas de templos y basílicas de lo que que se presenta como el centro de la vida política, comercial y judicial de la Roma antigua.
Y en aquello de *sit transit gloria mundi*,[81] expresión venida del mismo Kempis que refiere a lo efímero de los triunfos y todo lo que amamos los hombres, aún sabiendo de su fatuidad. Observábamos impresionados, esas pocas columnas, como la esbelta y tardía Columna de Foca, como las ocho que restan del Templo de Saturno, o las tres columnas corintias del Templo de Cástor y Polux; admirábamos los restos de esas construcciones importantes como el circular Templo de Vesta, próximo a la Casa de las Vírgenes Vestales, con

sus estatuas decapitadas bordeando un patio central y su estanque con nenúfares, el Templo de Rómulo con sus increíbles puertas de bronce originales, o por cierto, los vestigios abovedados de la gigantesca Basílica de Majencio.

- De esos mismos triunfos aluden los arcos como el de Septimio Severo, de Tito o Constantino, hoy con sus centuriones, legionarios y emperadores como salidos de una página de la historia o de una superproducción de los '50, dispuestos a posar para una foto con cara de circunstancia por apenas unas monedas.

- Uno se pregunta por qué otros sitios presumiblemente de la misma época permiten apreciar edificios perfectamente conservados como es el caso de los del Forum Boarium, en esta ciudad en donde de lo antiguo, en general solo queda apenas un reflejo, un rayo de luz iluminando la incierta oscuridad del pasado imaginado, o tal vez soñado por la historia.

E.U.O.U.A.E.

Domingo 14:

Oncluidos nuestros estudios gregorianísticos, gracias Te doy por ello. Enorme fue el aprendizaje, también en este dominio. Y por cierto, gracias Te doy por haber podido cerrrar el sagrado cuadrilátero que lleva los nombres de María, Pedro, Pablo y Juan, tras visitar los otros santos lugares -las otras tres grandes basílicas romanas- cuando nos encontramos en la víspera de nuestra partida, Señor y Maestro mío, ya inclusive con nuestra valija por cerrarse y el pasaporte pronto sobre ese escritorio que sigue mirando desde su retrato el Padre Mitterer.

- Así pues, ayer por la mañana tomamos un autobús que nos condujo a la Basílica de San Pablo Extramuros, donde la Tumba del Apóstol Pablo y donde está establecida al menos desde el siglo VIII una abadía benedictina que la custodia, llamada precisamente San Paolo fuori le mura.

Fue aquí donde emitió sus votos religiosos dom Guéranger antes de marchar rumbo a Solesmes con su misión restauradora.

- El edificio es una reconstrucción del que fuera arrasado por el fuego en 1823 y del que se conservan algunos elementos que han quedado intactos, como el claustro del siglo XIII. De todas maneras impactan sus dimensiones, su delicado baldaquín sobre el altar, los mosaicos de su ábside, su nave bordeada de columnas de orden corintio, y en lo alto las efigies de todos los pontífices romanos desde san Pedro al actual, más cierto número de espacios que aguardan ser llenados… Pensábamos en los vaticanólogos y demás exégetas que los cuentan, en un ejercicio de improbable escatología. Y en ese pensamiento nos sumergíamos en viaje a otra basílica igualmente espléndida.

- San Juan de Letrán, la cual aparte de ser la catedral del Papa, ostenta el raro privilegio de ser la primera iglesia consagrada a la religión cristiana y por tanto *omnium urbis et orbis ecclesiarum mater et caput*[82].

- Además, con propiedad puede afirmarse que mantiene su forma primitiva pese a incendios, terremotos y a todas las reconstrucciones posteriores, entre las cuales la de Borromini. Adosada al Palacio Laterano, la residencia pontificia durante la Edad Media, realmente San Juan de Letrán nos fue un verdadero disfrute para la vista: los magníficos mosaicos, su baldaquín gótico, su fachada neoclásica que recuerda sin esfuerzo la de San Pedro.

- En cuanto al Esquilino, la más alta de las siete colinas de la Roma histórica a la que subimos hoy, su principal atractivo es sin duda Santa María la Mayor. Con estilos diversos: su campanario románico, su piso en mármol estilo cosmati, sus columnas originales, el artesonado renacentista o las cúpulas gemelas barrocas añadidas por Rainaldi, es otra iglesia deslumbrante. Estupendos son también sus mosaicos, que se cuentan entre los mejores de Roma.
- Todos los años, se conmemora aquí el milagro de la nieve, haciendo caer desde su techo cientos de pétalos blancos. Se quiere evocar con esto la nieve que según la tradición habría caído sobre la colina el 5 de agosto de un caluroso verano, luego de que el Papa Liberio recibiera en sueños la orden de la Virgen de construir una iglesia donde cayera nieve.

Como tantas veces en este Camino, observando las multitudes venidas a estas grandes iglesias "desde los cuatro vientos del Cielo", nos preguntábamos acerca del futuro del cristianismo; cuál es el "cristianismo próximo", el cristianismo del mañana aquí y allá, cuando parece que se ven en esta iglesia o en aquella otra más turistas que peregrinos o fieles en oración, o cuando la ausencia de jóvenes en las iglesias parroquiales es un hecho difícil de ocultar, ellos que deberían constituirse en "la sal de la tierra" y dicho está: *quod si sal evanuerit, in quo salietur? ad nihilum valet ultra, nisi ut mittatur foras, et conculcetur ab hominibus.*[83] Evoco las misas desprovistas que tienen lugar en el Uruguay, celebraciones sin la solemnidad que debieran a tenor con las rúbricas, pero sobre todo habida cuenta del destinatario a Quien se celebra: Tú mismo, que apenas escribiste en tierra pero dijiste en cambio "hagan esto en mi memoria". Nuestra respuesta a ese mandato hoy es una liturgia perdida entre excesiva *verbalización*, palabras o glosas entre tediosos sermones que no favorecen a la solemne gravedad del Sacrificio de la Misa.

Días atrás hablábamos, precisamente, de la necesidad de la Basílica de San Pedro para nosotros los hombres quienes, de nuevo, como santo Tomás precisamos "tocar" con nuestros ojos, por la cortedad de nuestra fe. San Pedro de Roma son las imágenes que no se adoran sino que se veneran, como veneramos las fotografías de nuestros seres queridos en sendos portarretratos; es la imagen arquitectural de un Cielo grandioso y abarcativo de todos; los mejores elementos de la Creación para el Dios creador de todos los elementos, la más bella *domus Dei* para el Dios de donde emana toda belleza posible.

En esta estación final de nuestro Camino frecuentemente nos hemos encontrado con lo que parece ser la primera sigla de la historia: S.P.Q.R., que como se sabe, significa *Senatus Populusque Romanus.*[84] Se trataría de una reutilización de la sigla de los sabinos, cuando en el pináculo de su gloria la escribían en sus estandartes, queriendo decir *Sabino Populo, ¿Quis Resisitet?*[85]
- Pues bien, los libros de música gregoriana suelen utilizar otra sigla, para indicar cómo se ha de cantar el final del Gloria Patri, la cual a lo largo de este Camino y del camino completo de tu vida, te es completamente familiar. E.U.O.U.A.E.
- Habiendo pasado ya la medianoche, Tú me concedas la gracia, Señor mío, cuando emprendamos hoy nuestro retorno desde Roma a Madrid, desde Madrid a Buenos Aires, y finalmente a Montevideo, de seguir teniendo este sentimiento de gratitud inflamando nuestro pecho exultante. La gracia de saber agradecerte siempre,

en estos grandes momentos y en los otros,
también parte de nuestra edificación, *Et In Saecula
Saeculorum. Amen.*[86]

Montevideo

COLOFÓN

Viernes 2 de agosto:

An pasado ya más de dos semanas de nuestro retorno a casa, que es mi jardín, mi lugar en esta tierra del exilio, aunque a menudo y por la circunstancia de mi humilde oficio, tenga en mi propio país la percepción de estar fuera de lugar, como si fuese un hombre sin lugar o de ningún lugar, un *nowhere man*, en la fórmula beatle.

- Es el largo y tortuoso camino de la vida que conduce al puerto definitivo, aunque desconoces la ruta y sus meandros. Has aprendido en este viaje que efectivamente no juego a los dados, aunque tú pienses que los tiras día tras día, avanzando casilla a casilla en ese perpetuo Juego de la Oca que constituye el plano de la existencia en el que te mueves.

- A lo largo de este Camino, en verdad he aprendido mucho porque me has enseñado mucho. Y aunque evidentemente nunca podré saber cómo cantaba aquel monje del año 1000, como él Te he buscado en nuestro interior, que es la búsqueda más grande que puede hacer cualquier mortal. Y hurgando en el espejo del mundo que Te refleja, obra de Tus manos, hemos vivido, encontrado, escuchado, entonado, analizado, sentido, y sobre todo sentido Tu presencia bien cerca de mí. Cumplimiento, sin dudas de la Promesa que cierra el Evangelio de san Mateo,[87] la cual hace vivir extraordinariamente lo aparentemente ordinario y de manera ordinaria lo aparentemente extraordinario.

Sí: me enseñaste desde la perspectiva que otorga el principio de la razón suficiente porque nada es aleatorio, aunque también me presentaste los riesgos de pretender entender y explicarlo todo. Leíamos los otros días que la ciencia pretende justificar Tus dos naturalezas –la humana y la divina- en la física cuántica, a partir de ciertos descubrimientos de principios de siglo que revelan que las partículas (como los electrones) pueden comportarse como ondas, y que las ondas (como la luz) como partículas...

Y me enseñaste la perentoria necesidad de la oración cuando pareciera que también se ha hecho de esa palabra, la oración, la evocación de tiempos y de religiones pretéritas. En efecto, la perentoriedad y el pragmatismo nos han llevado a perder el hábito de hablar contigo. "No hay tiempo" o "es inútil", a veces se dice o se piensa, como si orar fuera un verbo más, un acto volitivo más de la larga lista de acciones que ejecutamos a diario como tomar un vaso de agua, abrir la casilla del correo electrónico o saludar al vecino. Vasijas de barro, hemos perdido la conciencia que llevamos lo más valioso siendo lo más frágil: la posibilidad de encontrarte allí, en lo más profundo. Tu lugar, según enseña el Apóstol.
- En un universo mecanicista como el que los hombres y las mujeres han creído intuir, este tipo de constataciones genera un problema de difícil solución.

A propósito de esto mismo, hace algunos años leímos el magnífico trabajo de Gérard Bessière titulado *Les acrobates de Dieu – Éloge de la prière*.
- Lo recuerdo con enorme placer. Comienza diciendo: "parece que Dios se aleja en su silencio" ¡Terrible sentencia! Y explica: "En muchos de nuestros contemporáneos, la oración va debilitándose y haciéndose menos frecuente. Aun

entre los mismos que rezan, algunos se preguntan si no buscan a veces un consuelo fácil e ilusorio." Cuesta concebir una vida feliz y recta sin la oración que la sustente, que no la meditación del Maharishi y sus innúmeras variantes, antes bien una búsqueda que se hace encuentro. Eran los dichos del labrador explicando su oración al santo Cura de Ars: "Le miro y me mira". Un dialogo del alma pleno de certidumbres, pues finalmente Tú estás detrás de todo lo creado. Aun siendo el hombre apenas un suspiro Tuyo, Tú le escuchas y respondes como un Padre bueno: aquí estamos y aquí estás.

Asimismo, a lo largo de nuestro Camino, reflexionamos largamente sobre la misión de la Iglesia católica en los tiempos que corren: su misión de custodiar y transmitir la Palabra, lo que significa custodiar y transmitir la Verdad enseñando el Camino que nos conduce a la Vida, a la vida eterna. Y sobre todo hoy, cuando más allá que sepamos como Chesterton que "el catolicismo es verdadero", el hombre de este cambio de siglo inquiere sobre la Verdad, sobre cuál religión puede afirmar que la tiene o peor aun, imbuido de un relativismo atroz las niega a todas, y enuncia preguntas que quedan en el aire sin respuesta, flotando como los panaderos sobre la pradera peinada por la brisa; esas preguntas que la fe responde fácilmente, la navaja de Ockham.

El hecho objetivo -y preocupante- es que año tras año se constata un vaciamiento paulatino de los seminarios como el de Belvís[88] que conocimos en nuestro pasaje por Santiago, y en donde viven ahora apenas un puñado de ellos; o que las comunidades religiosas y monasterios históricos sigan menguando, en un proceso del que solo Tú conoces su fin.

- En este tiempo crítico de secularización o peor aun de una pérdida del sentido de trascendencia, cabría esperar un cristianismo en acción y cada vez más; recuperar los espacios públicos desde una acción germinada en la oración, para que la fe no quede recluida estáticamente en el ámbito privado o peor aun, en los estantes de una biblioteca polvorienta.

- ¡Y qué sencillo y enriquecedor, Señor, es ir al encuentro del otro para con él celebrar Tu vida como aquellos pescadores de Galilea! Ir al encuentro del otro, sobre todo si es el más desprotegido, el más pequeño de los pequeños, debiera ser el motor de un mundo nuevo en un nuevo milenio. Acaso el sextante para que la Barca de Pedro transite por los mares agitados del porvenir con el rumbo debido.

He vuelto pues, a casa, a mi casa que es mi esposa y mi hijo, porque finalmente mi lugar aquí es donde ellos, lo cual finalmente constituye de todas, acaso la mejor de las lecciones, ya que un hombre sin familia es como un árbol sin raíces.

Quieras Tú, Maestro y Señor mío, que cuando nuestro próximo viaje podamos decir que los hombres estamos más cerca de Ti, y que por tanto Tú estás más cerca de los hombres: un proceso de divinización que perpetúa Tu Encarnación en el *hodie* eterno. El mismo que conmovió a Claudel, cuando escuchaba aquella antífona, pues hoy es el tiempo de la eternidad, ese recuerdo que llevamos dentro, las veces que nos hacemos el momento para encontrarlo:

> *Hodie Christus natus est :*
> *hodie Salvator apparuit :*
> *hodie in terra canunt Angeli,*
> *laetantur Archangeli :*
> *hodie exsultant iusti, dicentes :*
> *Gloria in excelsis Deo, alleluia.*[89]

Y quieras Tú, oh, Cristo Dios, que cuanto relatamos de este viaje, haya sido un testimonio humilde y sincero que contribuya a instaurar en el claustro del mundo, la fe, la esperanza y el amor.

- Es la batalla que nos falta, para que el tiempo
futuro más que una época de tremulantes reflejos
de las sombras de otras sombras sea un verdadero
codo de la historia. Cuando la armonía deje de ser
una utopía, sino una conquista humana y un valor
a preservar.

Apéndice

BREVE RESEÑA HISTÓRICA
DE LOS MONASTERIOS REFERIDOS
EN EL CUERPO
DEL PRECEDENTE ESCRITO[90]

ABADÍA DE MONTECASSINO (Italia)

Fundada hacia el 529 por el propio san Benito, Patriarca del monaquismo occidental, es en esta abadía donde escribe su *Regla*, hacia el 540.

Destruida en el 590 por los longobardos y en el 883 por los sarracenos, a partir del siglo XI adquiere gran importancia como centro de la religión y la cultura. En 1349 fue arrasada por un terremoto y luego restaurada por orden de Urbano V, alcanzando su máximo esplendor en el siglo XVII, cuando adquirió el magnífico aspecto actual.

El 15 de febrero de 1944 sufrió múltiples bombardeos aéreos que la dejaron en ruinas, pero sus tesoros de arte y los de su biblioteca habían sido trasladados antes a Roma. La abadía fue completamente reconstruida.

Su biblioteca con más de ciento cincuenta mil volúmenes entre los que figuran muchos documentos de inapreciable valor, hacen de su archivo uno de los más importantes de Europa.

ABADÍA DE SAN BENITO DE LUJÁN
(Argentina)

Fundación de la Abadía de Santo Domingo de Silos, se estableció en 1914 inicialmente en Bellocq (Provincia de Buenos Aires), trasladándose dos años después a la capital argentina, donde ya en 1920 pudo adquirir un predio para la construcción del monasterio. En 1927 se crea la Parroquia de San Benito, confiada a sus monjes hasta 1972. En 1938 se eleva el monasterio a priorato conventual y en 1950 a abadía, siendo su primer Abad el Padre Andrés Azcárate, quien había sido su Prior durante largos años.

Además de las obras apostólicas, el monasterio influyó en la vida cultural argentina a través de publicaciones, conferencias, seminarios, la fundación de grupos estudiantiles, escuelas-hogares, la Academia Benedictina de Maestras y

Profesoras, la Asociación de Escritoras Católicas, etc.

La comunidad se encuentra desde 1973 en Luján (Provincia de Buenos Aires), donde también está el Noviciado. En la sede de Buenos Aires se mantuvo el primer edificio como residencia universitaria, antes de transformarse en 2015 en un centro cultural. Actualmente espera un nuevo destino.

ABADÍA DE SANTA CRUZ
DEL VALLE DE LOS CAÍDOS (España)

Fundación de Silos de 1958, cumple un Breve pontificio de Pío XII del mismo año. Se encuentra ubicada sobre la Sierra de Guadarrama, a 45 km de Madrid.

Su basílica se ubica bajo el montículo rocoso del Monumento a los Caídos, y tiene 162 m de largo y una cúpula de 33 m de diámetro. El altar mayor se encuentra en la vertical de una cruz de 150 m de altura. El cuerpo del monasterio consta de dos edificios de 200 m de largo cada uno, y un gigantesco claustro.

Es célebre su Escolanía "Santa Cruz" establecida cuando la fundación del monasterio, con la finalidad de contribuir con el canto gregoriano y la polifonía a una mayor solemnidad en las celebraciones litúrgicas de la Basílica.

ABADÍA DE SANTO DOMINGO DE SILOS
(España)

Fundada en el antiguo Condado de Castilla, en donde ya en la época visigótica existía un monasterio de nombre San Sebastián, que languideció durante la invasión de los árabes.

En 1041 los pocos monjes que quedaban eligen como Abad a don Domingo Manso, por quien este cenobio pasará a la posteridad con el nombre de Santo Domingo de Silos. En su largo abadiato revitalizó la comunidad, planificando además la reconstrucción del monasterio. La oración y la actividad intelectual, la espiritualidad y la cultura, se hicieron sus características principales.

Dependiente de la Congregación de Valladolid en 1512, tuvo un despertar cultural en el siglo XVIII, cuando se ampliaron todos sus edificios.

La confiscación de los bienes eclesiásticos decretada por el ministro Mendizábal en 1835 dispersó a sus monjes, situación que se mantuvo hasta 1880, cuando el monasterio es restaurado por la Abadía de Ligugé.

Silos cobró especial notoriedad en tiempos recientes gracias a antiguas grabaciones de canto gregoriano las cuales presentadas en formato digital, adquirieron amplia difusión mundial.

ABADÍA SAN GIROLAMO IN URBE DE ROMA
(Italia)

Fundada en 1931 por Pío XI, recibió por tarea principal la edición crítica de la *Biblia Vulgata Latina*, trabajo científico confiado por san Pío X a la Confederación Benedictina en 1907.

Pertenecía a la Congregación de Solesmes y dependía de la Abadía de Clervaux.

Desde 1983 funciona en sus instalaciones el Instituto Pontificio de Música Sacra que fundara san Pío X en 1910.

ABADÍA SAINTE-MARIE DE PARIS (Francia)

Luego de los intentos infructuosos de dom Guéranger en fundar un monasterio en la capital francesa, fue recién en 1893 que se inició la vida conventual en Sainte-Marie de París a instancias de la Abadía de Ligugé, primera fundación de Solesmes.

El Oficio divino y la ayuda espiritual, así como la acogida de los monjes estudiantes de diferentes congregaciones llegados a París con el fin de seguir estudios, constituyeron algunas de sus tareas más relevantes.

Reiniciada en 1919 la vida monástica en el lugar tras la ley de supresión de las congregaciones promulgada por el gobierno francés en 1901, en 1921 tuvieron lugar las primeras profesiones monásticas en París desde 1790. En 2021, exactamente un siglo después, la crisis de vocaciones que sufre la Iglesia llevó al cierre de sus puertas, cediéndose los edificios a la Comunidad del Emmanuel.

ABADÍA SAINT-MARTIN DE LIGUGÉ (Francia)

Fundada por san Martín en el 361, Ligugé conoció un período de esplendor en el siglo VII. En el siglo siguiente, la invasión de los árabes y la agitación política hacen desaparecer el monasterio.

Hacia el año 1000 se constituye en priorato dependiente de la Abadía de Maillezais.

Desvastado en 1359 durante la Guerra de los Cien años, el monasterio fue restaurado por Geoffroy d'Estissac. Allí, una comunidad modesta mantiene la vida monástica al menos hasta 1524.

Restaurada por dom Guéranger en 1853, a la Abadía de Ligugé se debe la restauración de Silos en 1880, la fundación de Sainte-Marie en 1893 y la restauración de Saint-Wandrille en 1894.

ABADÍA DE SAN PAOLO FUORI LE MURA
(Italia)

Las primeras referencias al monasterio se remontan a la época de san Gregorio II, quien es considerado el segundo padre de esta comunidad. San Paolo fuori le Mura fue beneficiado de los soberanos pontífices desde siempre, en tanto custodia la Tumba del Apóstol san Pablo.

En 1678 se transformó en sede para los estudios filosóficos y teológicos de los jóvenes monjes, y desde 1858 también para estudiantes de otras congregaciones, constituyéndose en el germen del Colegio Internacional San Anselmo querido por León XIII.

Desde San Paolo fuori le Mura partió en 1837 dom Guéranger con la misión de restaurar el monaquismo en Francia. En 1860 los hermanos Plácido y Mauro Wolter partieron asimismo de este monasterio rumbo a Beuron, Alemania.

ABADÍA SAINT-PIERRE DE SOLESMES
(Francia)

Fundada en el 1010 por Geoffroy, señor de Sablé, dependía de la Abadía Saint-Pierre de la Coûture, en donde se habían introducido las observancias del Cluny primitivo. Entre 1566 y 1664 el monasterio se beneficia de la reforma de Saint-Maur, erigida en Congregación en 1621. Son los mauristas quienes construyen el edificio del Priorato, entre 1722 y 1723.

Tras cerrarse por la Revolución y venderse como bien nacional, el Padre Guéranger, un sacerdote oriundo de Sablé, junto a algunos compañeros, lo restaura en 1833. Pese a que deseaba adoptar las constituciones de la Congregación de Saint-Maur, el Papa le pide que funde una familia religiosa sobre la *Regla* benedictina, enteramente renovada. Solesmes se erige en abadía cabeza de una congregación que toma el nombre de Congregación de Francia en 1837. Su papel en la restauración de la liturgia romana en Francia y del canto gregoriano para toda la cristiandad, fue determinante.

ABADÍA DE SAN SALVADOR DE LEYRE
(España)

Ubicada en medio de una soledad imponente, su fundación es anterior al año 848.

Estuvo ocupada por monjes benedictinos de Cluny hasta el siglo XIII, cuando se instalan allí los cistercienses, permaneciendo en el lugar hasta 1836, año en que las leyes estatales suprimen los monasterios y disuelven todas las órdenes religiosas de España.

Tras años de abandono, el gobierno de Navarra restaura los edificios y hace posible la instalación en 1954 de monjes provenientes de la Abadía de Silos. En 1979, a veinticinco años de este acontecimiento, Leyre alcanza su autonomía eligiéndose el primer Abad.

REFERENCIAS

[1] "Casa de Dios". La fórmula reenvía al concepto medieval de la Iglesia como lugar donde mora Dios. La utilizó san Benito de Nursia para referirse al monasterio, el lugar donde habitan en comunidad los monjes en torno a la Presencia de Dios.

[2] Juan José ARTEAGA (Montevideo, 1946): Destacado historiador y diplomático, ex Embajador del Uruguay en el Perú.

[3] Raúl PATRI (Varese, Italia, 1923 - Montevideo, 2000): Sacerdote y gregorianista jesuita de destacada labor docente en la Escuela Universitaria de Música del Uruguay.

[4] Eugenio GARATEGUY (Trinidad, Uruguay, 1919 - Montevideo, 1990): Gregorianista uruguayo que desarrolló una importante labor de divulgación del canto gregoriano luego de servir durante largos años como sacerdote diocesano.

[5] Los neumas son los signos con los que se escribe tradicionalmente el canto gregoriano.

[6] José Gervasio ARTIGAS (Montevideo, 1764-Ibiray, Paraguay, 1850) es el Prócer nacional uruguayo. Militar, caudillo, estadista, protector de los más desprotegidos, estableció en la llamada Liga Federal un régimen de igualdades civiles asentadas en el derecho, la libertad y los valores

republicanos.

[7] Según un informe de la Comisión Europea de 2010, esa cifra ha bajado a un 77%, del cual un 51% representa a quienes creen en Dios y el resto a quienes creen en "una suerte de espíritu o fuerza viviente".

[8] De origen guaraní-misionero, la yerba mate (*ilex paraquariensis:* infusión del Paraguay) es patrimonio cultural tradicional de las naciones del Plata: el Uruguay, el Paraguay, la Argentina, el sur del Brasil.

[9] Oriental: es el gentilicio histórico con el que se designa a quien es nacido en la República Oriental del Uruguay.

[10] Obdulio VARELA (Montevideo, 1917-1996): futbolista que capitaneó el Seleccionado uruguayo que venció a su similar del Brasil en el Estadio de Maracaná, en la legendaria final del Campeonato Mundial de Fútbol celebrado en ese país en 1950.

[11] "Campo de la estrella". Si bien se suele discutir esta etimología, podría referir a las luminarias que en el siglo IX habría visto el ermitaño Pelagio en el lugar en que se encontraron las tumbas de Santiago y los discípulos que acompañaron su cadáver desde Jerusalén.

[12] "Amarás al Señor, tu Dios, con todo tu corazón, con toda tu alma y con toda tu mente. Este es el mayor y el primer mandamiento. El segundo es semejante a éste: Amarás a tu prójimo como a ti mismo" (Mt 22, 37-39). La traducción de todas las citas bíblicas ha sido tomada de la edición

española de la Biblia de Jerusalén (1975, Bilbao, Desclée de Brouwer), excepto que se indique lo contrario.

[13] "Yo os he elegido a vosotros" (Jn 15,16). El sacerdocio magisterial parte, antes que de la voluntad del hombre, del deseo mismo de Dios.

[14] Comunidad carismática fundada por el sacerdote salesiano Adolfo ANTELO (+1997), suspendida por la Iglesia uruguaya a partir de ciertos acontecimientos que habrían ocurrido en su interior.

[15] "Ya no sois extraños ni forasteros, sino conciudadanos de los santos y familiares de Dios, edificados sobre el cimiento de los apóstoles y los profetas, siendo la piedra angular Cristo mismo" (Ef 2,19-20). Apóstoles y profetas son igualmente testigos del plan divino, y con el propio Cristo constituyen el basamento sobre el que se edifica la Iglesia de Dios.

[16] "Motivada por la devoción, el voto o la piedad".

[17] Tras el motu proprio *Traditionis custodes* del Papa Francisco publicado en julio de 2021, el futuro de la liturgia latina de la misa y concomitantemente del canto gregoriano se ve seriamente comprometido, habida cuenta que el *Novus Ordo* proclamado por Pablo VI es celebrado mayoritariamente en lenguas modernas.

[18] "Voz del que clama en el desierto" (Is 40,3). El Evangelio presenta este oráculo en boca de san Juan el Bautista.

19 En 1999 el autor de este libro hizo profesión de oblato benedictino en la Abadía de San Benito de Luján (Argentina), la que fue transferida veinte años después a la Abadía Saint-Pierre de Solesmes (Francia).

20 Actualmente Abad emérito, tras sucederle en 2022 Geoffroy KEMLIN, devenido VII Abad de la Abadía Saint-Pierre de Solesmes.

21 "Escucha", el comienzo de la *Regla de monjes* de san Benito de Nursia.

22 "Voz de Dios".

23 Del griego μοναχός, *monachós*: solo, único.

24 "Ora y trabaja".

25 "Como el incienso en tu presencia" (Sal 141,2). "Valga ante ti mi oración como incienso" traduce la Biblia de Jerusalén. Este versículo es cantado tradicionalmente tras el himno del Oficio de Vísperas de los domingos.

26 "Yo soy el Alfa y la Omega, el Principio y el Fin" (Ap 21,6). La eternidad, una cualidad de Dios, es entonces también una cualidad de Cristo.

27 "Lectura santa": método de oración desarrollado por los Padres de la Iglesia basado en la lectura espiritual de la Escritura u otros autores santos, y abarcativo de cuatro instancias: lectura, meditación, oración y contemplación.

28 Carlos SABAT ERCASTY (Montevideo, 1887-1982): Poeta, ensayista, dramaturgo y narrador de vasta y valiosa obra. Ha ejercido poderosa influencia en autores contemporáneos como Pablo Neruda, quien le reconocía su maestro.

[29] Libro que recoge el conjunto de melodías del Ordinario de la Misa para ser entonadas durante todo el año litúrgico.

[30] "Huerto cerrado".

[31] "Y todo cuanto pidáis con fe en la oración, lo recibiréis" (Mt 21,22). La oración es un hilo precioso que vincula al hombre con Dios que es la Vida misma, a condición de que sea extendido con fe verdadera.

[32] "Alegre rumia".

[33] "Bendigamos al Señor" (del Rito Conclusivo de los oficios).

[34] "Sentir con la Iglesia".

[35] "Sumo Pontífice". Pontífices son los obispos, porque establecen puentes entre Dios y los hombres, pero es el Obispo de Roma quien ostenta el título referido.

[36] "¡Vanidad de vanidades!" (Qo 1,2). La ilusión de querer tenerlo todo, inclusive el conocimiento, conduce al hombre a un irremediable hastío.

[37] Desde 2012 el Abad de Santo Domingo de Silos es Lorenzo MATÉ.

[38] Silvia VILLAGRÁN (Montevideo, 1950): Destacada artista plástica y teóloga.

[39] "Mi luz y mi salvación, ¿a quién he de temer?" (Sal 27,1). La confianza en Dios vence todo error humano.

[40] "Una, santa, católica y apostólica" (del Credo del Concilio de Nicea). Cristo funda una única Iglesia, Pueblo de Dios santificado por su sangre, para los hombres de todos los pueblos, y la establece sobre

aquellos Apóstoles que Él mismo escoge.

41 "Todo tuyo, María".

42 Libro que recoge el conjunto de melodías del Propio de la Misa para ser entonadas durante todo el año litúrgico.

43 Armand-Charles GUILLEMINOT (Dunkerque, Francia, 1774 - Baden, 1840): General francés de destacada actuación en el combate de Medina del Río Seco en 1808 y luego en la batalla de Moscú de 1812, titulado conde y barón durante el Primer Imperio, y par de Francia durante la Restauración.

44 Alcides María MERELLO PESCE (Paysandú, Uruguay, 1934-Montevideo, 2001): Arquitecto de larga y destacada trayectoria principalmente en Montevideo, sobre el final de su vida ofreció su servicio a distintas congregaciones religiosas del medio uruguayo, como ser las hermanas de María Auxiliadora, los padres palotinos o los franciscanos conventuales.

45 "Última razón del reino".

46 Paul DEBOUT, trasladado a la Abadía de Solesmes, fue nombrado en 2021 su maestro de coro.

47 "El Abad vierta el agua para lavar las manos de los huéspedes" (*Regla de los monjes*, 53,12). Todas las citas de la *Regla de los monjes* de san Benito han sido tomadas de la traducción al castellano de Pablo SAENZ (1990, Luján, ECUAM).

48 Jean CLAIRE falleció en 2006. Nacido en 1920, dejó un legado de inestimable valor, tanto por los magníficos registros grabados por el coro de

monjes de la Abadía de Solesmes, como por sus aportes en el campo de la investigación.

49 "Recíbanse a todos los huéspedes que llegan como a Cristo" (*Regla de los monjes*, 53,1).

50 "Para la gloria de Dios y la santificación de los fieles" (Constitución *Sacrosanctum Concilium*, 112).

51 Puede traducirse como "fidelidad a la vida monástica" (*Regla de los monjes*, 58,17).

52 "En la mesa de los hermanos no debe faltar la lectura" (*Regla de los monjes*, 38, 1).

53 "En alabanza de nuestro Señor Jesucristo. Amén."

54 Jacques-Marie GUILMARD es monje de la Abadía Saint-Pierre de Solesmes desde 1973. Autor de importantes artículos de investigación, del libro *Guide pratique de chant grégorien* (Pierre Téqui, 2007) y *Le rythme du chant grégorien* (Solesmes, 2022), entre otros.

55 Fundado en 1974 por Louis-Marie VIGNE (Neuilly-sur-Seine, Francia, 1953 - Paris, 2022), este coro desarrolla una intensa actividad docente, divulgativa, litúrgica y de conciertos tanto en Francia como en el extranjero. Sus registros discográficos han sido galardonados varias veces por la crítica especializada.

56 "Para que con cuerdas bien templadas puedan resonar las maravillas de tu vida, desata en tus siervos, oh Juan bienaventurado, la traba de sus labios impuros" (traducción al castellano de Félix AROCENA, tomada de *Los himnos de la liturgia de las horas*, 1992, Madrid, Ediciones Palabra). La

primera sílaba de cada verso dio nombre a cada una de las notas musicales: ut (do), re, mi, fa...

[57] "Demos gracias a Dios" (del Rito Conclusivo de las misas y los oficios).

[58] "Si alguno llega a las Vigilias después del Gloria del Salmo 94 (que por esto queremos que se diga muy pausadamente y con lentitud) no ocupe su puesto en el coro, sino el último de todos o el lugar separado que el Abad determine para tales negligentes para que sea visto por él y por todos" (*Regla de los monjes,* 43,4-5).

[59] Genoveva Aurora PESCE DE MERELLO (Paysandú, Uruguay, 1905 – Montevideo, 2007): Destacada educacionista y artista plástica. Ya retirada, ejerció la docencia en la Cárcel de su ciudad enseñando a leer y a escribir a quienes allí estaban recluidos.

[60] "Que él dará orden sobre ti a sus ángeles de guardarte en todos tus caminos" (Sal 91,11). El hombre de fe camina por la vida rodeado de ángeles, pues Dios va con él no importa dónde.

[61] "Nada se anteponga a la Obra de Dios" (*Regla de los monjes,* 43,3).

[62] Del griego *ἡσυχία / hēsukhía* (inmovilidad, paz, reposo) es una práctica espiritual monástica antigua asentada en la búsqueda del silencio contemplativo.

[63] También se encuentra allí la tumba de Francisco Javier de BORBON-PARMA (1889-1977), príncipe y duque de Parma, un pretendiente carlista al trono de España bajo el nombre de Javier I, y

oblato de Solesmes como su hermana Zita, emperatriz de Austria y reina de Hungría.

[64] "Instrumentos del arte espiritual" (*Regla de los monjes,* 4,75).

[65] "En verdad es justo y necesario" (del Prefacio de la Oración Eucarística). La acción de gracias entraña el reconocimiento del amor paternal de Dios hacia el hombre, y por ello fue siempre la oración cristiana por excelencia.

[66] "¡Gran misterio!"

[67] Según Mario Vargas Llosa y en la línea de pensamiento de Guy Debord, esta "civilización del espectáculo" ha eclipsado al intelectual, personaje que por siglos fue central en la vida de las sociedades, privilegiando el entretenimiento y vaciando al individuo de la capacidad de la propia reflexión como de su identidad.

[68] "Oh, noble ciudad de Roma y señora del mundo, que estás por encima de todas las ciudades teñida de púrpura por la roja sangre de tus mártires, resplandeciente por los blancos lirios de las vírgenes..."

[69] Maurizio VERDE falleció en 2021. Alumno de Giacomo Baroffio en el PIMS, fue un gregorianista muy activo, sobre todo en el campo de la interpretación y la docencia.

[70] "Venid, cantemos gozosos a Yahveh" (Sal 95, 1). El comienzo del llamado Salmo Invitatorio, que se reza en las Vigilias y antiguamente tal vez en la fiesta de las Tiendas.

71 Eduardo SABAT GARIBALDI (Montevideo, 1934-2006): Químico e investigador, creador de un sistema de entonación microtonal denominado gama (o escala) dinámica, y un instrumento idóneo para su implementación, la dinarra.

72 Jaurès LAMARQUE PONS (Salto, Uruguay, 1917- Montevideo, 1982): Pianista y compositor de una valiosa producción musical de proyección internacional, utiliza en su obra los ritmos populares del Río de la Plata: el tango, la milonga, el candombe y el vals criollo.

73 Diego LEGRAND (Montevideo 1928-2014): Compositor de una obra rica, original, elegante, que le ha valido amplio reconocimiento y difusión tanto dentro como fuera de fronteras.

74 Gastón BARREIRO ZORRILLA (Montevideo, 1918 -2009): Abogado, empresario, hombre de letras, fue una personalidad relevante de la causa católica uruguaya. Desde la dirección del Club Católico a la que dedicó largos años de su vida, propició el establecimiento y actividad de la Schola Cantorum de Montevideo en sus instalaciones a partir de 1993.

75 Carlos PARTELI (Rivera, Uruguay, 1910 – Montevideo, 1999): Obispo de Tacuarembó, Obispo coadjutor de Montevideo y luego arzobispo de la capital uruguaya, le tocó enfrentar todo el proceso de la dictadura uruguaya, conduciendo a su grey en medio de fuertes tensiones y crisis sociales.

76 "Pedro está aquí".

[77] "Peregrinación hacia la Sede de Pedro".

[78] "Alegrémonos todos en el Señor, celebrando la fiesta en honor de Benito Abad".

[79] "Ahora vemos en un espejo, en enigma. Entonces veremos cara a cara" (1 Co 13, 12a). La fe en Dios es a la visión clara, como lo imperfecto a lo perfecto.

[80] Desde 2005 ascendido a la Cátedra de san Pedro con el nombre de Benedicto XVI, tras la muerte de Juan Pablo II.

[81] "Así pasa la gloria del mundo".

[82] "Iglesia Madre de la Urbe y del orbe".

[83] "Vosotros sois la sal de la tierra. Mas si la sal se desvirtúa, ¿con qué se salará? Ya no sirve para nada más que para ser tirada afuera y pisoteada por los hombres" (Mt 5,13). En tanto miembro del Cuerpo de Cristo, el cristiano está llamado a hacerlo presente en el aquí y en el ahora de una manera concreta.

[84] "El Senado y el pueblo romano".

[85] "Al pueblo sabino, ¿quién resistirá?"

[86] "Y por los siglos de los siglos. Amén". El Gloria Patri es una pequeña fórmula de alabanza trinitaria con la que tradicionalmente se cierra la oración sobre los salmos.

[87] "Y he aquí que yo estoy con vosotros todos los días hasta el fin del mundo" (Mt 28,20).

[88] Hoy en día albergue "Seminario Menor", recibe en sus instalaciones a peregrinos del Camino de Santiago llegados de todo el mundo.

[89] "Hoy ha nacido Cristo, hoy apareció el Salvador, hoy los ángeles cantan en la tierra, se alegran los arcángeles, hoy exultan los justos diciendo: "Gloria a Dios en las alturas, aleluya" (de la antífona para el Magnificat de las II Vísperas del Día de Navidad).

[90] Fuente principal: *Loci ubi Deus quaeritur*, por Benedict KOMINIAK; Jacques CÔTÉ & Cyrill SCHÄFER (1999, Sankt Ottilien, EOS-Verlag).

Crédito de imágenes:

Tapa: Fragmento del introito *Gaudeamus* (*Graduale Triplex*, Solesmes, 1979, p. 545) y Basílica de San Pedro (*Ricordo di Roma*, 30 Vedute Parte I, Serie 1207, *ca.* 1900); p. 15: Puerta de Alcalá (foto: Edescas2, con licencia de documentación libre GNU); p. 33: Fragmento de la *Credencial del Peregrino* (Impresión Agencia Gráfica, Santiago, N. R.); p. 45: Fragmento del introito *Resurrexi* (*Graduale Triplex* p. 196); p. 55: Detalle del claustro de la Abadía de Santo Domingo de Silos (foto: El autor); p. 84· Fragmento del introito *Cogitationes* (*Graduale Triplex*, p. 384); p. 95: Fragmento del Plano del Metro de París (Imagen: Rigil, con licencia de documentación libre GNU); p. 112: Fragmento del ofertorio *Ave Maria* (*Graduale Triplex*, p. 36); p. 125: Fragmento del Códice Montevideo (foto: El autor); p. 134: Fragmento del himno *Ut queant laxis* (*Liber Hymnarius*, Solesmes, 1983), pp. 382-383; p. 159: Vista de la Basílica de San Pedro desde el Tíber (*Ricordo di Roma, op.* cit.); p. 201: El Palacio Salvo (foto: City Vzla con licencia de documentación libre GNU); p. 211: San Benito de Nursia, fresco del claustro del Monasterio de Subiaco (foto: Gerd A. T. Müller, con licencia de documentación libre GNU).

INDICE

UIOGD

OTRAS OBRAS PUBLICADAS POR EL AUTOR EN LENGUA CASTELLANA

- Diálogos – Poesías y relatos varios

Dialogos - Poesías y relatos varios
Book on Demand, España, abril de 2020.
120 pag. - 12,7 x 20,3 cm
ISBN 978-8413731179 (papel)
ISBN 8413266513 (e-book)

- El manuscrito BNU – Un testimonio privilegiado de la música gregoriana en la Biblioteca Nacional uruguaya

Ediciones Aguaviva, Montevideo (Uruguay), abril de 2017.
126 páginas, 21 x 30 cm.
ISBN 978-9974-91-560-2
Versión pdf:
https://merello-guilleminot.blogspot.com/p/productos.html

- El gregoriano perdido de los guaraníes - Ejecución y copiado del canto gregoriano en la "República Jesuítica" del Paraguay

Jesuitenmission de Nürnberg, Asunción (Paraguay),

febrero de 2015.
148 páginas, 16 x 22.5 cms.
ISBN 9789995329969

- Introducción a la teoría y ejecución del repertorio gregoriano

Ediciones de la Plaza, Montevideo (Uruguay), diciembre de 2003.
100 páginas, 13,7 x 19 cms.
ISBN 9974-48-069-8